Komitologie –
ein notwendiger Baustein
im institutionellen Gefüge
der Europäischen Union?

Beiträge zur europäischen Integration aus der FHVR Berlin
Band 7

Nadja Franke

Komitologie – ein notwendiger Baustein im institutionellen Gefüge der Europäischen Union?

Fachhochschule für Verwaltung und Rechtspflege Berlin
– University of Applied Sciences –

© 2007 Fachhochschule für Verwaltung und Rechtspflege Berlin
University of Applied Sciences, Alt-Friedrichsfelde 60, 10315 Berlin,
Telefon: (0 30) 90 21 40 05, Fax: (0 30) 90 21 40 06, www.FHVR-Berlin.de

Satz und Herstellung: Books on Demand GmbH, Norderstedt
Bezug durch den Buchhandel.

ISBN 13: 978-3-933633-93-4

Vorwort zur Publikationsreihe

In der vorliegenden Reihe „Beiträge zur europäischen Integration" werden he-
rausragende wissenschaftliche Arbeiten publiziert, die aus den einschlägigen
Forschungsaktivitäten an der FHVR Berlin und dem Netzwerk der mit ihr koo-
perierenden Hochschulen hervorgehen. Damit soll nicht allein die Vielfalt und
Qualität der in diesem Rahmen geleisteten Forschung dokumentiert werden, damit
wird auch beabsichtigt, die Diskurse um die zukünftige Gestalt Europas und die
Funktion der Europäischen Union zu befördern. Der wissenschaftliche Streit und
die öffentliche Debatte sind originäre Bestandteile der europäischen Kultur, das
moderne Europa ist ein Ergebnis jahrzehntelanger Diskussions- und - manchmal
auch quälender – Lernprozesse, an diesen Prozessen aktiv beteiligt zu sein, ist eine
der vornehmsten Aufgaben unserer Zeit, und vermutlich ist das europäische Projekt
heute mehr denn je auf die pointierte Mitwirkung der unabhängigen Wissenschaft,
auf substantielle Reflektionen von Experten und Expertinnen der Praxis sowie auf
das kompetente Engagement seiner Funktionsträger in Politik und Verwaltung
angewiesen.

Nicht minder belangvoll ist die mögliche Rolle der vorliegenden Reihe bei der
Europäisierung von Lehre und Studium: In diesem Sinne sollen die vorliegenden
Publikationen zur verstärkten Thematisierung europäischer Inhalte in den Studien-
gängen der FHVR und zur besseren Verzahnung von Forschung und Lehre beitragen; denn für die meisten an der Ausbildung beteiligten Fachdisziplinen gilt, dass
europäische Themen inzwischen zum genuinen Wissens- und Erkenntnisstand ge-
hören. Europäisch vergleichende Analysen sind mittlerweile auf vielen Gebieten
zu einem Standard des wissenschaftlichen Methodenkanons geworden und mit der
Heterogenität der neuen Mitgliedstaaten wird ihre Bedeutung noch weiter wachsen.
Sie sind ein geeignetes Mittel, um die vorhandene Vielfalt, die gemeinhin als in-
härenter Reichtum des europäischen Kontinents gilt, in produktivem Sinne zu nutzen und voneinander zu lernen; sie können nicht nur das gegenseitige Verständnis
füreinander vertiefen, sondern oft mehr noch zum besseren Begreifen der eigenen
gesellschaftlichen Voraussetzungen beitragen.

Mit den in dieser Reihe publizierten Beiträgen geht es auch um die Integration
von Wissenschaft und Praxis. Dabei sollen die Querverbindungen und Bezüge
zwischen der akademischen Forschung und der politisch-administrativen Praxis
mit dem übergreifenden Ziel gestärkt werden, die Legitimität und Effektivität
staatlichen Handelns in – vorwiegend vergleichend – europäischer Perspektive zu
diskutieren. Zum Einen sollen wissenschaftliche Auseinandersetzungen mit Problemen administrativer Praxis vorgelegt werden, die durch vergleichende Analysen auf Effektivitäts- und Effizienzpotenziale öffentlichen Handelns aufmerksam
machen. Zum Anderen sollen mit den hier erscheinenden Publikationen die viel-

fach komplexen Rechtsgrundlagen und Verfahren europäischen Verwaltungshandelns transparenter gemacht und so implizit die europaspezifischen Kompetenzen der öffentlichen Akteure erweitert werden. Bei allen Klagen über die Komplexität des europäischen Normengeflechts ist die Verrechtlichung der zwischenstaatlichen Beziehungen gleichzeitig ein Markenzeichen des Integrationsprozesses, sie ist ein tragendes Fundament und ein Garant der gemeinsamen Zukunft. Allerdings ist bei der Umsetzung europäischen Rechts in nationalen, regionalen und lokalen Zusammenhängen in vielen Fällen keine starre Rechtsanwendung gefragt, sondern eine Anpassung der europäischen Rechtsvorschriften an die situativen Bedingungen, eine Interpretation im europäischen Geist und damit implizit eine Mitwirkung bei der ständigen Weiterentwicklung des rechtlichen Rahmens der europäischen Integration. So gesehen könnten die Beiträge auch dabei mithelfen, selbst die operative Ebene der öffentlichen Verwaltung zu einem konstruktiven Akteur des europäischen Integrationsprozesses zu machen.

Der Vielfalt der in dieser Reihe behandelten Themen sind nur wenige Grenzen gesetzt. Die Fundamente des symbolträchtigen europäischen Hauses sind in den letzten Jahren zwar zunehmend gefestigt worden: Mit der Erweiterung der EU nach Mittel- und Osteuropa wurde das Ende der Nachkriegsordnung und die Überwindung der historischen Teilung des Kontinents eingeläutet, mit der Einführung des Euro ist der wirtschaftliche Integrationsprozess und die Wirtschafts- und Währungsunion zu einem vorläufigen Höhepunkt geführt worden und mit dem vorliegenden Verfassungsentwurf tritt die Verrechtlichung der zwischenstaatlichen Beziehungen in eine neue Phase ihrer Entwicklung ein. Gleichzeitig geht der Prozess der europäischen Integration aber mit wachsender Dynamik voran und es stellen sich viele neue und alte, noch nicht bewältigte Herausforderungen: Der fortbestehende Globalisierungsdruck stellt das geschichtlich gewachsene europäische Gesellschaftsmodell permanent auf den Prüfstand, die im Zuge der Erweiterung der EU nach Mittel- und Osteuropa gewachsenen regionalen Disparitäten steigern die Komplexität des gemeinschaftlichen Regelungs- und Abstimmungsbedarfs, die notleidenden öffentlichen Haushalte, die Beschäftigungsprobleme und die demographische Entwicklung zwingen die europäischen Staaten zu einer rasanten Beschleunigung ihrer ökonomischen und sozialen Restrukturierungsprozesse, der sich verstärkende Migrationsdruck von außen fordert zu einer kontinuierlichen Auseinandersetzung mit der Spezifik europäischer Kultur- und Lebensformen heraus...

In groben Strichen ist der allgemeine Problemkreis der Beiträge damit skizziert, doch verdient zumindest ein Thema noch besonders Erwähnung zu finden: Die Entwicklung der deutsch-polnischen Kooperation stellt in politischer und kultureller Hinsicht vielleicht die größte Herausforderung der kommenden Jahre dar und im Rahmen ihrer Möglichkeiten wirken die FHVR Berlin und die Adam-Mickiewicz-Universität in Poznan bei der gemeinsamen Durchführung des Studiengangs Eu-

6

ropäisches Verwaltungsmanagement aktiv an diesem Projekt mit. Die Zukunft Europas hängt nicht allein von der Ausformung seiner rechtlichen Rahmenbedingungen ab, sondern ebenso von der Vertiefung der Zusammenarbeit zwischen den Institutionen und den wachsenden Bindungen zwischen den Menschen aus seinen verschiedenen Mitgliedstaaten. Trotz einer gemeinsamen Verfassung und trotz der symbolischen Kraft des Euro wird sich Europa weder als hoch verdichtetes Normengeflecht noch als gemeinsamer Wirtschafts- und Währungsraum auf Dauer halten. In diesem Sinne sollen die „Beiträge zur europäischen Integration" auch und gerade die grenzüberschreitende Auseinandersetzung um diesen Prozess unterstützen und im Ergebnis zur Bildung einer von seinen Bürgerinnen und Bürgern getragenen europäischen Zivilgesellschaft beitragen.

Prof. Dr. Erwin Seyfried

Wissenschaftlicher Leiter des Masterstudienganges
Europäisches Verwaltungsmanagement

Inhalt

Zusammenfassung

Seit mehr als 40 Jahren unterstützt und kontrolliert eine Vielzahl von Ausschüssen aus Vertretern der Mitgliedstaaten die Kommission bei der Implementierung von Gemeinschaftspolitiken. Diese so genannte Komitologie hat jedoch in der Wissenschaft und der Öffentlichkeit bislang wenig Aufmerksamkeit erfahren. Doch gerade im Hinblick auf die derzeitige Debatte um die Zukunft Europas gilt es, Entscheidungsprozesse und Institutionen zu überprüfen und anzupassen, damit sich die Europäische Union in der Außenwahrnehmung demokratischer und transparenter darstellt.

Diese Arbeit fragt nach der Notwendigkeit der Komitologie im institutionellen Gefüge der Europäischen Union. Hierbei wird zunächst die historische Entwicklung des Ausschusssystems dargestellt und institutionelle Konflikte zwischen Rat, Kommission und Parlament herausgearbeitet. In einem weiteren Schritt wird die gegenwärtige Komitologiepraxis anhand empirischer Daten und der Befragung von Ausschussmitgliedern untersucht und eingeordnet. Schließlich werden die hieraus gewonnenen Erkenntnisse in einen Kontext mit den Auswirkungen des europäischen Integrationsprozesses gestellt.

Die Untersuchungen haben gezeigt, dass die Komitologie derzeit eine wesentliche Rolle im institutionellen Gefüge der Europäischen Union einnimmt und deshalb noch erforderlich ist. Die Zukunft des Ausschusssystems wird jedoch wesentlich von der Dynamik der Integration und der Gewaltenteilung zwischen den Institutionen abhängen.

Abstract

For more than 40 years a multitude of committees of national representatives have been supporting and supervising the Commission in exercising the implementing of community policies. However, science and public have not been taking much notice of this so called comitology until now. But the ongoing debate about the future of Europe has shown that decision making processes and institutions have to be checked and adapted to make the European Union more democratic and transparent.

This study tests the necessity of comitology in the institutional structure of the European Union. First, the history of the committee system is described and institutional conflicts between Council, Commission and Parliament are analyzed. Second, the current comitology practice is surveyed and classified by empirical data and interviews with committee-members. Third, the findings are put into context with the effects of the further European integration process.

In conclusion to this analysis it can be demonstrated that nowadays comitology plays an important role in the institutional structure of the European Union and is therefore still necessary. But the future of the committee system depends heavily on the dynamic of the integration and the separation of powers between the institutions.

1 Einleitung

Cyril Northcote Parkinson – britischer Historiker, Publizist und Entdecker der nach ihm benannten Parkinsonschen Gesetze – hat einmal über das Ausschusswesen gesagt:

„Der Lebenslauf eines Ausschusses ist so wesentlich für unsere Kenntnis von Tagesfragen, dass es geradezu überrascht, wie wenig Aufmerksamkeit man bisher der Wissenschaft zollte, die sich Komitologie oder Ausschusslehre nennt. Der erste und oberste Lehrsatz dieser Wissenschaft lautet, dass ein Ausschuss organischer, nicht mechanischer Natur ist: keine Konstruktion, eher eine Pflanze. Der echte Ausschuss gräbt seine Wurzeln tief in die Erde und wächst. Er grünt, blüht, welkt und stirbt dahin, während er seinen Samen in die Gegend streut, aus dem neue kleine Ausschüsse sprießen und aufblühen. Nur wer dieses Gesetz richtig verstanden hat, wird den Aufbau und die Geschichte moderner Regierungen begreifen können."[1]

1.1 Problemstellung und Zielsetzung

Parkinsons Ausspruch stammt aus dem Jahr 1957, noch bevor sich auf europäischer Ebene ein Ausschusssystem entwickelte, das heute unter der Bezeichnung „Komitologie" bekannt ist. Dass seine Worte auch nach fast einem halben Jahrhundert offenbar nichts an Aktualität eingebüßt haben, zeigt ein im November 2005 von der Kommission veröffentlichtes Register[2] der rund 1.300 Expertengruppen, die auf europäischer Ebene an der Erarbeitung von Legislativvorschlägen und Maßnahmen mitwirken. Die circa 250 Komitologieausschüsse sind hier noch nicht einmal berücksichtigt; sie werden in einem gesonderten Register[3] geführt. Angesichts dieser Zahlen spricht so manch einer schon von einem „Regieren durch Ausschüsse".[4]

Mit diesen Registern hat sich die Kommission deshalb zum Ziel gesetzt, Licht in das Brüsseler Entscheidungsdickicht zu bringen und mehr Offenheit in der Verwaltung zu schaffen. Wie wichtig eine solche Maßnahme ist, haben erst kürzlich die negativen Verfassungsreferenden in Frankreich und den Niederlanden gezeigt, die nicht zuletzt als Reflex eines Vertrauensverlustes der Bürger in die Europäische Union, ihre Entscheidungsprozesse und Institutionen gesehen werden. Der öffentliche Zugang zu Informationen kann allerdings nur ein Instrument sein, um

---

[1] *Parkinson, C. N.*, Parkinsons Gesetz, 1965, S. 46.
[2] http://europa.eu.int/comm/secretariat_general/regexp/index.cfm?lang=EN (31. Dezember 2005).
[3] http://europa.eu.int/comm/secretariat_general/regcomito/registre.cfm?CL=de (31. Dezember 2005).
[4] So z. B. *Gerken, L./Schick, G.*, Reformbedarf, 2003, S. 9.

die Europäische Union in der Außenwahrnehmung demokratischer und transparenter darzustellen. Vielmehr sollte auch hinterfragt werden, ob ein solch komplexes Ausschusswesen überhaupt (noch) erforderlich ist.

Die vorliegende Masterarbeit fragt deshalb nach der Notwendigkeit der Komitologie im institutionellen Gefüge der Europäischen Union. Unter dem institutionellen Gefüge wird insoweit das Zusammenspiel der drei Hauptorgane Rat, Kommission und Europäisches Parlament verstanden. Die in den Art. 7 bis 10 EGV genannten weiteren Organe und sonstigen Einrichtungen der Europäischen Union sollen wegen fehlender Schnittstellen zur Komitologie bei der nachfolgenden Untersuchung außer Betracht bleiben.

1.2   Methodische Herangehensweise

Kann man die Notwendigkeit der Komitologie allein deswegen annehmen, weil die Wissenschaft[5] sie vor mehr als zehn Jahren als das „zentrale Regulierungs- und Vermittlungsinstrument" bezeichnete oder in ihr gar die „leise Revolution von Verwaltungsverfahren" sah? Spricht nicht vielmehr die Tatsache, dass man das Ausschusssystem in Lehrbüchern zum Europarecht nahezu vergeblich sucht, gegen eine solche Notwendigkeit? Die Literatur kann hier nur wenig weiterhelfen. Die Masterarbeit folgt daher eigenen Aspekten und analysiert, ob und inwieweit

- die Einrichtung der Ausschüsse und ihre Verfahren legitimiert sind,
- die Komitologie das Kräfteverhältnis von Rat, Kommission und Parlament beeinflusst,
- Rat, Kommission und Parlament die Komitologie beeinflussen,
- das Ausschusssystem mit sich integrationsbedingt ändernden Rahmenbedingungen Schritt halten kann und
- welche institutionellen Alternativen zur Komitologie künftig denkbar wären.

Parkinsons Vergleich des Ausschusssystems mit dem Leben einer Pflanze folgend, werden die genannten zentralen Aspekte in eine chronologische Betrachtung der Komitologie eingebunden.

In einem deskriptiven Teil werden zunächst die einzelnen Etappen der Entstehung und Weiterentwicklung der Komitologie aufgezeigt. Die verschiedenen Ausschussverfahren werden ebenso wie die Rechtsprechung des EuGH dargestellt. In einem nächsten Schritt wird die Komitologie im Mehrebenensystem

---

[5]   *Grams, H. A.*, Gesetzgebungsprozess, 1995, S. 113, und *Bach, M.*, Revolution, 1992, S. 16.

16

und institutionellen Gefüge der Europäischen Union eingeordnet. Offizielle Dokumente und Positionspapiere der drei Organe geben dabei Aufschluss über interinstitutionelle Konfliktlinien.

Schwerpunkt der Masterarbeit ist die Untersuchung und Einordnung der gegenwärtigen Komitologiepraxis. Eingeleitet wird dieser Teil mit einer Auswertung empirischer Daten zur Tätigkeit der Ausschüsse auf der Grundlage statistischer Jahresberichte und Haushaltspläne. Hieran schließt sich die Analyse der Komitologie eines ausgewählten Politikbereichs an. Um einen Einblick in die Arbeitstechniken und den Verhandlungsstil zu erhalten, wurden Interviews mit Ausschussmitgliedern dieses Politikbereichs geführt. Ein aktuelles Beispiel aus der täglichen Arbeit verbindet beide Elemente und schließt diesen Teil ab.

Zukunftsbezogene Herausforderungen an das Ausschusssystem werden in einem letzten Schritt herausgearbeitet. Dabei werden aktuelle Reformansätze ebenso vorgestellt und analysiert wie die Auswirkungen der derzeitigen Reflexionsphase der Europäischen Union auf die Komitologie.

Den Abschluss der Masterarbeit bildet eine Zusammenfassung der Ergebnisse im Hinblick auf die Beantwortung der Fragestellung. Da diese geschlossen formuliert ist, wird sie mit einem klaren „Ja" oder „Nein" beantwortet. Darüber hinaus werden Perspektiven aufgezeigt und Impulse für weitergehende Diskussionen gegeben.

2 Entstehung der Komitologie und Befugnisse

Der vom französischen Wort „comité" (= Ausschuss) abgeleitete Begriff der Komitologie bezeichnet sowohl die Verfahren der Mitwirkung von Ausschüssen bei der Durchführung des Rechts der Europäischen Gemeinschaften als auch das Ausschusssystem als solches.[6] Die Ausschüsse setzen sich aus stimmberechtigten Vertretern[7] der Mitgliedstaaten und einem nicht stimmberechtigten Vertreter der Kommission, der zugleich den Vorsitz führt, zusammen.

Erste Formen der Komitologie entstanden in den 60er Jahren des letzten Jahrhunderts. Die im Zuge der Errichtung einer Gemeinsamen Agrarpolitik erlassenen Agrarmarktordnungen erforderten weitergehende Detailregelungen für die technische Durchführung und die Verwaltung. Der Rat als Legislativorgan der EWG besaß jedoch nicht die personellen Kapazitäten und das Spezialwissen für die Erarbeitung dieser teilweise sehr spezifischen Durchführungsbestimmungen. Insoweit konnte er auf Art. 155 EWGV als Rechtsgrundlage für die Delegation von Durchführungsbefugnissen zurückgreifen, wonach es Aufgabe der Kommission war,

„die Befugnisse auszuüben, die ihr der Rat zur Durchführung der von ihm erlassenen Vorschriften überträgt."

Gleichwohl wollte der Rat in diesen Fällen nicht die alleinige Entscheidungsbefugnis der Kommission übertragen, ohne dabei selbst bestimmte Kontroll- und Mitwirkungsrechte zu behalten. Schließlich wurden Verwaltungsausschüsse aus Vertretern der Mitgliedstaaten eingerichtet, die zu konkreten Maßnahmeentwürfen Stellung nahmen. Sie unterstützten damit die Kommission bei der Ausübung der Durchführungsbefugnisse und stellten gleichzeitig eine Einbindung des Rates in den Entscheidungsprozess über die Mitgliedstaaten sicher.

Im Zuge weiterer Rechtsetzungstätigkeiten in anderen Politikbereichen außerhalb der Gemeinsamen Agrarpolitik erhöhte sich nicht nur die Ausschusstätigkeit, sondern es bildeten sich auch weitere Ausschusstypen bzw. –verfahren heraus. So wurden zum Beispiel in den Bereichen Zollrecht und Veterinärrecht sog. Regelungsausschüsse tätig.[8] Bis Mitte der 80er Jahre waren die Ausschüsse und ihre Verfahren jedoch nicht typologisiert. Sie waren zwar an der Durchführung von Gemeinschaftsrecht beteiligt, wurden aber weder im Gemeinschaftshaushalt berücksichtigt, noch verfügten sie über eine Geschäftsordnung.

---

[6]   Vgl. *Meng, W.,* Neuregelung, 1988, S. 214.

[7]   Mehrere Vertreter eines Mitgliedstaates bilden eine Delegation. Diese zählt als ein Ausschussmitglied; Art. 6 Abs. 1 Standardgeschäftsordnung, ABl. C 38 vom 6. Februar 2001, S. 3.

[8]   Vgl. *Demmke, C./Haibach, G.,* Komitologieausschüsse, 1997, S. 711.

Dies änderte sich erst mit dem In-Kraft-Treten der Einheitlichen Europäischen Akte am 1. Juli 1987, deren Art. 10 nunmehr Art. 145 EWGV, der die Befugnisse des Rates regelte, durch folgenden dritten Spiegelstrich ergänzte:

„- überträgt der Rat der Kommission in den von ihm angenommenen Rechtsakten die Befugnisse zur Durchführung der Vorschriften, die er erlässt. Der Rat kann bestimmte Modalitäten für die Ausübung dieser Befugnisse festlegen. Er kann sich in spezifischen Fällen außerdem vorbehalten, Durchführungsbefugnisse selbst auszuüben. Die oben genannten Modalitäten müssen den Grundsätzen und Regeln entsprechen, die der Rat auf Vorschlag der Kommission nach Stellungnahme des Europäischen Parlaments vorher einstimmig festgelegt hat."

Der wesentliche Unterschied zu Art. 155 EWGV lag darin, dass dieser die Möglichkeit und Art. 145 EWGV die Pflicht des Rates festlegte, der Kommission Durchführungsbefugnisse zu übertragen.[9] Diese Delegation war nunmehr nicht länger die Ausnahme, sondern die Regel.

Art. 145 EWGV in der Fassung der Einheitlichen Europäischen Akte sah zudem die Festlegung von „Modalitäten" zur Ausübung der Durchführungsbefugnisse vor, erwähnte jedoch die Ausschüsse und ihre Verfahren nicht explizit. Eine Verankerung der Komitologie im Primärrecht erfolgte somit nicht. Daher waren alle Regelungen über die Ausschüsse sekundärrechtlicher Natur, auch die Festlegung der Modalitäten durch den wenig später folgenden sogenannten „Komitologiebeschluss" des Rates 87/373/EWG vom 13. Juli 1987.[10]

2.1   Der Komitologiebeschluss von 1987

Nach rund 25jähriger Praxis der Mitwirkung von Ausschüssen an der Durchführung von Gemeinschaftsrecht sollte nunmehr ein Grundmuster an Delegationsregelungen festgelegt werden, damit die Frage der Ausschussverfahren nicht in jedem Einzelfall zum Stolperstein für den Erlass materiellrechtlicher Regelungen wurde.[11] Art. 2 des Komitologiebeschlusses von 1987 sah deshalb drei Verfahren für die Ausübung der vom Rat auf die Kommission übertragenen Durchführungsbefugnisse vor.

Diesen Verfahren war gemeinsam, dass die Kommission den Ausschüssen auf Grund von Bestimmungen des Basisrechtsaktes Entwürfe für Durchführungsmaßnahmen zur Stellungnahme vorlegte. Unterschiede ergaben sich in den Abstimmungsregeln und somit in dem Einfluss des Rates – der Mitgliedstaaten – bei Erlass der Maßnahmen.

---

[9]   *Schmitt von Sydow, H.* in *Groeben, H. von der*, Kommentar zum EWG-Vertrag, Art. 155, Rdnr. 52.

[10]   ABl. L 197 vom 18. Juli 1987, S. 33–35.

[11]   *Meng, W.*, Neuregelung, 1988, S. 214.

20

2.1.1 Beratungsverfahren

Bei diesem sogenannten „Verfahren I" musste die Kommission die Stellungnahme des Ausschusses so weit wie möglich berücksichtigen und diesen hierüber unterrichten. Die Stellungnahme entfaltete jedoch keine Bindungswirkung. Die Kommission konnte die Durchführungsmaßnahme hiervon unabhängig erlassen.

2.1.2 Verwaltungsverfahren

Bei diesem sogenannten „Verfahren II" musste die Kommission im Falle einer ablehnenden Stellungnahme des Ausschusses ihre Maßnahme sofort dem Rat mitteilen. Für das weitere Verfahren gab es zwei Varianten:

Variante a:
Die Kommission konnte die Durchführung der Maßnahme verschieben, wobei der Rat mit qualifizierter Mehrheit innerhalb einer Frist von maximal einem Monat einen anders lautenden Beschluss fassen konnte und damit die Maßnahme der Kommission „verdrängte".

Variante b:
Die Kommission musste die Durchführung ihrer Maßnahme verschieben, der Rat konnte mit qualifizierter Mehrheit innerhalb einer Frist von maximal drei Monaten einen anders lautenden Beschluss fassen.

2.1.3 Regelungsverfahren

Bei diesem sogenannten „Verfahren III" musste die Kommission bei einer ablehnenden oder aber auch fehlenden Stellungnahme des Ausschusses dem Rat unverzüglich einen Vorschlag für die zu treffende Maßnahme unterbreiten. Hatte der Rat innerhalb einer Frist von maximal drei Monaten mit qualifizierter Mehrheit keinen Beschluss gefasst oder den Kommissionsvorschlag nicht mit Einstimmigkeit geändert, kamen für das weitere Verfahren wiederum zwei Varianten zur Anwendung:

Variante a:
Die Maßnahme der Kommission wurde erlassen. Diese Variante wurde auch als „filet"-Verfahren bezeichnet.[12]

---

[12] Diese Bezeichnung findet man häufig in der Literatur, so z. B. bei *Meng, W.*, Neuregelung, 1988, S. 211, oder bei *Demmke, C./Haibach, G.*, Komitologieausschüsse, 1997, S. 711.

Variante b:
Die Maßnahme wurde ebenfalls erlassen, es sei denn, der Rat sprach sich mit einfacher Mehrheit dagegen aus. Diese Variante wurde auch als „contre filet"-Verfahren bezeichnet.[13]

Die zudem bestehenden Sonderverfahren bei Schutzmaßnahmen sollen bei den nachfolgenden Betrachtungen außen vor bleiben, da sie nicht die Einsetzung eines Ausschusses, sondern die Konsultation der Mitgliedstaaten vorsehen.

2.2   Rechtsfragen

Der EuGH ist bereits kurz nach Einrichtung der ersten Ausschüsse mit Rechtsfragen im Zusammenhang mit der Durchführung von Gemeinschaftsrecht und der Komitologie befasst worden. Die wesentlichen Elemente seiner Rechtsprechung werden nachfolgend kurz dargestellt.

Im Jahre 1970 hat der EuGH in der Rechtssache Köster[14] den Erlass von Durchführungsbestimmungen durch die Kommission als grundsätzlich mit dem EWGV vereinbart sowie die Beteiligung von Verwaltungsausschüssen daran für unbedenklich erklärt. Zur Begründung führt er in seinem Urteil aus, dass der Verwaltungsausschuss „eine ständige Konsultation gewährleisten (soll), die der Orientierung der Kommission bei der Ausübung der ihr vom Rat übertragenen Befugnisse dienen und dem Rat die Möglichkeit geben soll, an Stelle der Kommission tätig zu werden. Somit ist der Verwaltungsausschuss nicht befugt, an Stelle der Kommission oder des Rates zu entscheiden." Der Gerichtshof stellte zudem fest, dass das Verwaltungsausschussverfahren nicht die Gemeinschaftsstruktur und das institutionelle Gleichgewicht verfälsche.

Im Jahre 1975 entschied der EuGH in der Rechtssache Rey Soda[15], dass der Begriff der „Durchführung" weit auszulegen sei, da sich dies aus dem „Gesamtzusammenhang des Vertrages" sowie aus den „Anforderungen der Praxis" ergebe. Denn nur die Kommission sei in der Lage, „mit der durch die Situation gebotenen Schnelligkeit zu handeln." In einem weiteren Urteil aus dem Jahre 1989 in der Rechtssache Kommission/Rat[16] hat der Gerichtshof den Begriff der „Durchführung" im Sinne des Art. 145 EWGV dahingehend konkretisiert, dass dieser sowohl die Ausarbeitung von Durchführungsvorschriften als auch die Anwendung von Vorschriften auf den Einzelfall durch den Erlass individueller Rechtsakte umfasse.

---

[13] Vgl. Fn. 12.
[14] Rs. 25/70, Einfuhrstelle/Köster, EuGH Slg. 1970, S. 1161.
[15] Rs. 23/75, Rey Soda, EuGH Slg. 1975, S. 1279.
[16] Rs. 16/88, Kommission/Rat, EuGH Slg. 1989, S. 3457.

Zudem wies der EuGH eine Klage des Parlaments auf Nichtigerklärung des Beschlusses 87/373/EWG des Rates vom 13. Juli 1987 wegen Unzulässigkeit ab.[17]

---

[17] Rs. 302/87, Parlament/Rat, EuGH Slg. 1988, S. 5615.

3 Weiterentwicklung der Komitologie

Nach Erlass des Komitologiebeschlusses im Jahr 1987 änderten sich die Rahmenbedingungen für die Tätigkeit der Ausschüsse. So wurde mit In-Kraft-Treten des Maastrichter Vertrags am 1. November 1993 die Zuständigkeit der Gemeinschaft in bereits integrierten Politikfeldern gegenüber den Mitgliedstaaten ausgebaut und neue Politikbereiche in den Gemeinschaftsrahmen integriert. Damit war zugleich ein erhöhter Rechtsetzungsbedarf verbunden. Zudem sollte durch den Vertrag von Amsterdam, der am 1. Mai 1999 in Kraft trat, der Beitritt zehn mittel- und osteuropäischer Staaten vorbereitet werden. Dieser Vertrag sah, wie auch der Maastrichter Vertrag zuvor, keine inhaltlichen Änderungen der primärrechtlichen Bestimmungen zur Übertragung von Durchführungsbefugnissen vor. Die maßgeblichen Vorschriften, die auch heute noch unverändert fortgelten, waren nunmehr Art. 202 dritter Spiegelstrich EGV (ex-Art. 145 EWGV) für die Befugnisse des Rates und Art. 211 vierter Spiegelstrich EGV (ex-Art. 155 EWGV) für die Befugnisse der Kommission. Die Regierungskonferenz forderte jedoch in der 31. Erklärung der Schlussakte die Kommission auf,

„... dem Rat bis spätestens Ende 1998 einen Vorschlag zur Änderung des Beschlusses des Rates vom 13. Juli 1987 zur Festlegung der Modalitäten für die Ausübung der der Kommission übertragenen Durchführungsbefugnisse zu unterbreiten."

Aus dem daraufhin vorgelegten Vorschlag der Kommission ging der Beschluss des Rates 1999/468/EG vom 28. Juni 1999[18] hervor, der bisweilen als sogenannter „zweiter Komitologiebeschluss" bezeichnet wird. Dieser findet heute noch für die Tätigkeit der Ausschüsse Anwendung.

3.1 Der Komitologiebeschluss von 1999

Der Beschluss sieht im Kern eine Definition von unverbindlichen Kriterien für die Ausschüsse und damit eine Abgrenzung der einzelnen Verfahren voneinander sowie eine Reduktion und Vereinfachung derselben vor. Es gibt nunmehr drei Verfahren ohne Varianten, in denen die Kommission zunächst einen Vorschlag für eine Durchführungsmaßnahme einem Ausschuss zur Stellungnahme vorlegt. Der weitere Ablauf bestimmt sich in Abhängigkeit des jeweils einschlägigen Verfahrens und ist in den Art. 3 bis 5 des Beschlusses geregelt.

---

[18] ABl. L 184 vom 17. Juli 1999, S. 23-26.

3.1.1 Beratungsverfahren

Die Stellungnahme des Ausschusses ist von der Kommission so weit wie möglich zu berücksichtigen, sie bindet diese jedoch nicht. Der Ausschuss wird über die Nicht-/Berücksichtigung seiner Stellungnahme von der Kommission unterrichtet, die im Weiteren die Durchführungsmaßnahme erlässt (zum Ablauf des Verfahrens siehe *Abbildung 1*). Insoweit haben sich gegenüber dem Komitologiebeschluss von 1987 keine Änderungen ergeben.

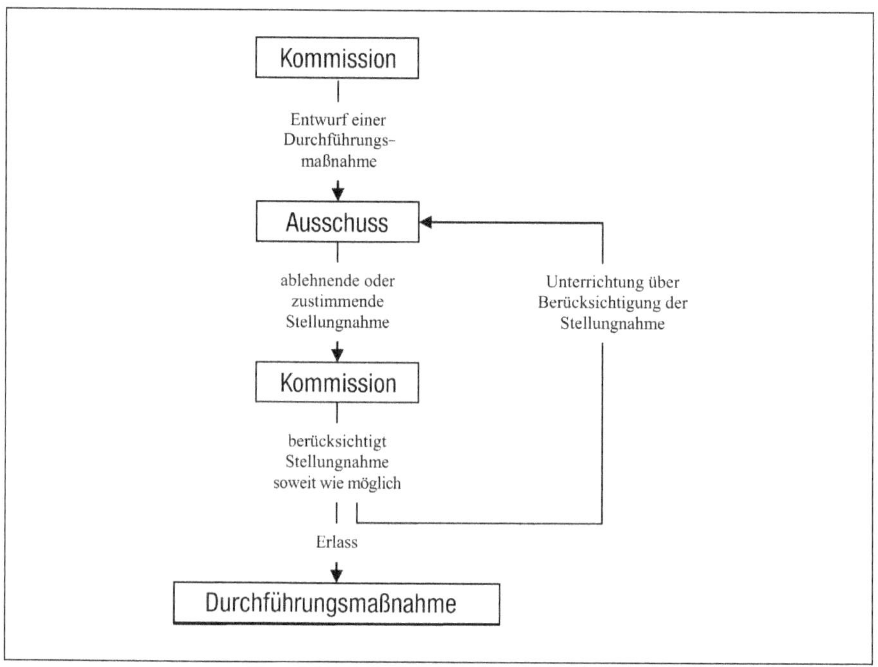

Abbildung 1: Ablauf des Beratungsverfahrens
Quelle: eigene Darstellung

Auf das Beratungsverfahren soll in all den Fällen zurückgegriffen werden, in denen es als zweckmäßigstes Verfahren angesehen wird.

3.1.2 Verwaltungsverfahren

Die Kommission erlässt unabhängig von der Stellungnahme des Ausschusses die Maßnahme. Im Falle eines ablehnenden Ausschussvotums teilt sie dies dem Rat sofort mit. Die Kommission kann nun die Durchführung der von ihr bereits

26

beschlossenen Maßnahme um einen im Basisrechtsakt festgelegten Zeitraum – maximal jedoch drei Monate – verschieben. Der Rat kann in diesem Zeitraum mit qualifizierter Mehrheit einen anders lautenden Beschluss fassen (zum Ablauf des Verfahrens siehe *Abbildung 2*).

Gegenüber dem Komitologiebeschluss von 1987 wurden die zwei Varianten zusammengefasst; nunmehr gilt die „Kann"-Bestimmung der bisherigen Variante a (in Bezug auf die Verschiebung der Durchführung durch die Kommission) mit den Fristen der bisherigen Variante b (Drei-Monats-Zeitraum).

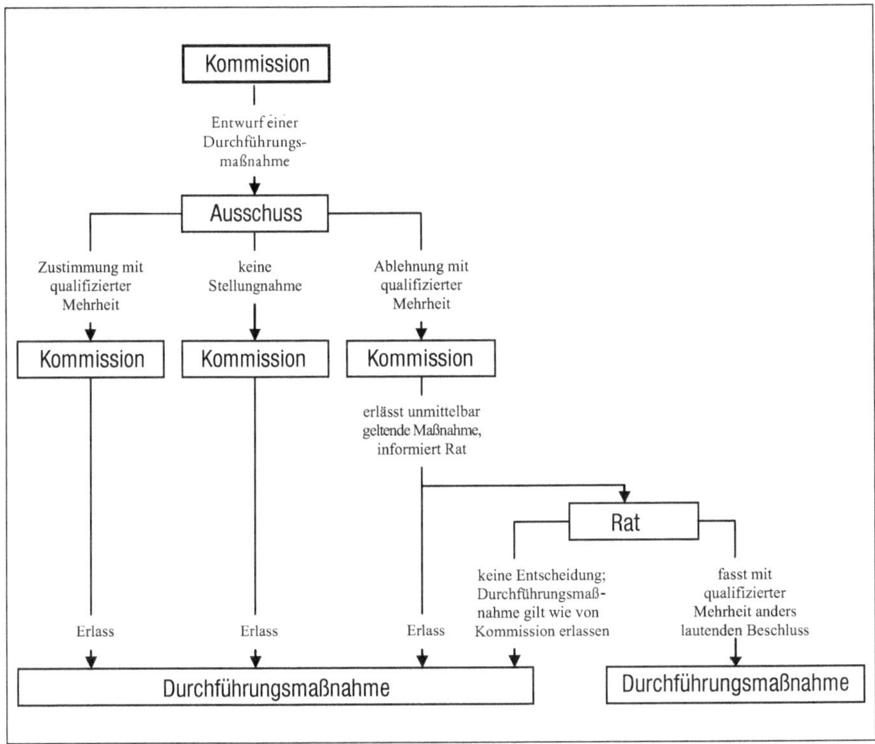

Abbildung 2: Ablauf des Verwaltungsverfahrens
Quelle: eigene Darstellung

Auf dieses Verfahren soll bei sogenannten Verwaltungsmaßnahmen, wie beispielsweise Maßnahmen zur Umsetzung der Gemeinsamen Agrarpolitik oder zur Durchführung von Programmen mit erheblichen Auswirkungen auf den Haushalt, zurückgegriffen werden.

3.1.3 Regelungsverfahren

Stimmt der Ausschuss dem Kommissionsentwurf zu, kann die Durchführungsmaßnahme erlassen werden. Im Falle einer ablehnenden oder fehlenden Ausschussstellungnahme unterbreitet die Kommission dem Rat unverzüglich einen Vorschlag
für die zu treffende Maßnahme und unterrichtet das Europäische Parlament. Der Rat
kann nun innerhalb einer im Basisrechtsakt festgelegten Frist – maximal jedoch drei
Monate – mit qualifizierter Mehrheit über den Vorschlag befinden. Spricht dieser sich
gegen den Vorschlag aus, so überprüft die Kommission ihn und kann dem Rat

- einen geänderten Vorschlag vorlegen,
- ihren Vorschlag erneut vorlegen oder
- einen Vorschlag für einen Rechtsakt auf der Grundlage des EGV vorlegen.

Zudem kann der Rat in diesem Verfahrensstadium mit Einstimmigkeit den
Kommissionsvorschlag ändern (Art. 250 Abs. 1 EGV).

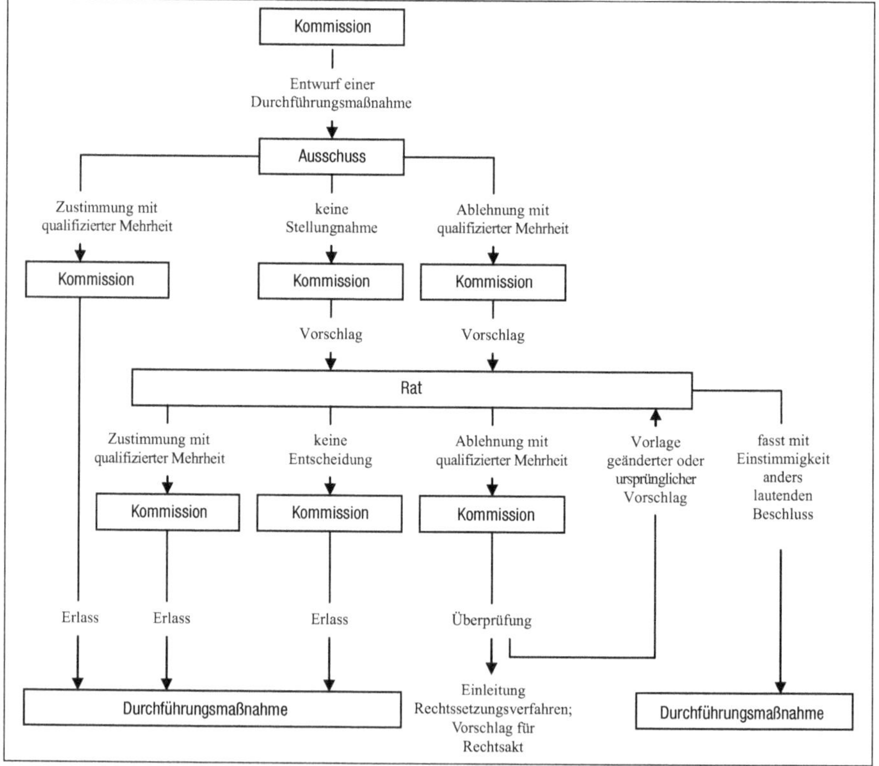

Abbildung 3: Ablauf des Regelungsverfahrens
Quelle: eigene Darstellung

Hat der Rat jedoch weder den vorgeschlagenen Durchführungsrechtsakt erlassen noch sich gegen den Vorschlag für die Durchführungsmaßnahme ausgesprochen, so wird die Maßnahme von der Kommission erlassen (zum Ablauf des Verfahrens siehe *Abbildung 3*).

Im Gegensatz zum Komitologiebeschluss von 1987 gibt es nur noch ein Verfahren ohne Varianten. Dieses wurde nunmehr im Falle einer Ablehnung des Kommissionsvorschlags durch den Rat um weitere Regelungen ergänzt.

Auf das Regelungsverfahren soll bei Maßnahmen von allgemeiner Tragweite zurückgegriffen werden, mit denen wesentliche Bestimmungen von Basisrechtsakten angewandt werden, einschließlich Maßnahmen zum Schutz der Gesundheit oder zur Sicherheit von Menschen, Tieren und Pflanzen, sowie bei Maßnahmen, mit denen bestimmte nicht wesentliche Bestimmungen des Basisrechtsaktes angepasst oder aktualisiert werden.

3.2   Vereinfachung und Transparenz

Neben der Abschaffung der Varianten bei den Verwaltungs- und Regelungsverfahren und der Festlegung von Kriterien sieht der Komitologiebeschluss von 1999 auch

- in Art. 7 Abs. 3 und Art. 8 allgemeine Informationsrechte des Europäischen Parlaments sowie dessen Einbindung in Fällen vor, in denen der Basisrechtsakt im Mitentscheidungsverfahren nach Art. 251 EGV angenommen wurde,
- in Art. 7 Abs. 1, 2, 4 und 5 zahlreiche Maßnahmen zur Verbesserung der Transparenz des Ausschusswesens vor.

So veröffentlicht die Kommission seit dem Jahr 2000 einen jährlichen Bericht über die Tätigkeit der Ausschüsse. Ein kontinuierlich aktualisiertes Verzeichnis aller Ausschüsse befindet sich in einem seit Ende 2003 erstellten Register der Komitologie[19], über das auch bibliographische Hinweise der dem Parlament gemäß Art. 7 Abs. 3 des Beschlusses übermittelten Dokumente oder aber auch die Dokumente selbst (insb. Tagesordnungen, Kurzniederschriften der Sitzungen) verfügbar sind. Nunmehr sollen in der Regel auch Entwürfe von Durchführungsmaßnahmen nach Abstimmung in den Ausschüssen im Register veröffentlicht werden.[20]

---

[19]   http://europa.eu.int/comm/secretariat_general/regcomito/registre.cfm?CL=de (15. Oktober 2005).
[20]   *Kommission der Europäischen Gemeinschaften*, Jahresbericht 2004, S. 4.

Zudem wurde im Jahr 2001 eine Standardgeschäftsordnung[21] erlassen, auf deren Grundlage alle bestehenden und neu eingesetzten Ausschüsse ihre Geschäftsordnung festlegen.

---

[21] ABl. C 38 vom 6. Januar 2001, S. 3. Die Standardgeschäftsordnung sollte nach Änderungen und einer sprachlichen Überprüfung erneut veröffentlicht werden; *Kommission der Europäischen Gemeinschaften*, Jahresbericht 2003, S. 6 Fn. 5. Dies war bei Abschluss der Arbeit noch nicht geschehen.

4 Der Grundsatz der Gewaltenteilung und interinstitutionelle Konfliktlinien in der Komitologie

Die Entstehungsgeschichte der Komitologie hat gezeigt, dass ein Ausschuss immer dann eingesetzt wird, wenn Durchführungsbefugnisse vom Rat auf die Kommission übertragen werden. Das folgende Kapitel untersucht diesen Zusammenhang näher und analysiert die Stellung des Ausschusssystems im institutionellen Gefüge der Europäischen Union.

4.1 Die Rolle der Komitologie in Bezug auf die Gewaltenteilung

Anders als die Verfassungen der Mitgliedstaaten kennen die Verträge auf europäischer Ebene keine Unterscheidung zwischen legislativer, exekutiver und judikativer Gewalt und eine Zuordnung dieser zu Organen. Der EuGH hat vielmehr das Bestehen eines Grundsatzes der Gewaltenteilung abgelehnt und insoweit geurteilt, dass

„die Schranken für eine Befugnis ... nicht aus einem allgemeinen Grundsatz, sondern aus dem Wortlaut der betreffenden Bestimmung selbst unter Berücksichtigung ihrer Zielsetzung und ihrer Stellung im Aufbau des Vertrages abzuleiten sind." [22]

Für die Durchführung von Gemeinschaftsrecht entschied der EuGH ferner, dass

„das Rechtsetzungssystem des Vertrages, wie es insbesondere in Art. 155 (nunmehr Art. 211) letzter Gedankenstrich zum Ausdruck kommt, zwischen Maßnahmen unterscheidet, die ihre Grundlage unmittelbar im Vertrag selbst finden, und dem abgeleiteten Recht, das zur Durchführung dieser Maßnahmen dienen soll." [23]

Gleichwohl lässt sich hieraus eine horizontale Gewaltenteilung dergestalt herleiten, dass die Befugnis zum Erlass der dem EGV zu Grunde liegenden Maßnahmen (Basisrechtsakte) als legislative Gewalt dem Rat bzw. dem Rat und dem Parlament, und die Befugnis zum Erlass von abgeleiteten Rechtsakten (Durchführungsbestimmungen) als exekutive Gewalt dem Rat und der Kommission zuzuordnen ist.[24]

Bei der Durchführung von Gemeinschaftsrecht kommt es somit zu einer sogenannten Gewaltenverschränkung durch Verteilung exekutiver Kompetenzen zwischen Rat und Kommission.[25] Denn einerseits erfüllt die Kommission exekutive Aufga-

---

[22] Rs. 188 bis 190/80, Frankreich, Italien, Großbritannien und Nordirland/Kommission, EuGH Slg. 1982, S. 2524.

[23] Rs. 25/70, Einfuhrstelle/Köster, EuGH Slg. 1970, S. 1161.

[24] Vgl. *Haibach, G.,* Komitologie, 1999, S. 101.

[25] Vgl. *Hofmann, H./Töller, A.,* Reform, 1998, S. 210.

ben dadurch, dass sie gemäß Art. 202 dritter Spiegelstrich EGV die beschlossenen Rechtsakte des Rates umsetzt und die hierfür notwendigen Durchführungsbestimmungen erlässt. Andererseits nimmt auch der Rat neben seinen Rechtsetzungsbefugnissen exekutive Aufgaben wahr, indem er in spezifischen Fällen die Rechtsakte selber durchführen kann, bestimmte Modalitäten für die Durchführung von Rechtsakten festlegt und im Rahmen der Komitologie gegebenenfalls eine Durchführungsmaßnahme der Kommission durch einen anders lautenden Beschluss verdrängen kann.

Ausgehend von dieser Zuordnung legislativer und exekutiver Kompetenzen nehmen Komitologieausschüsse eine Sonderstellung im institutionellen Gefüge der Europäischen Union ein. Durch ihre Mitwirkung bei der Implementierung von Gemeinschaftsrecht werden sie grundsätzlich exekutiv tätig. Gleichwohl kann die Durchführung auch den Erlass oder die Änderung von Anhängen der Rechtsakte umfassen, die insoweit materieller Gesetzesbestandteil sind, so dass das originär zur Rechtsetzung berufene Organ handeln müsste. Die Ausschüsse durchbrechen damit in diesem Bereich die horizontale Gewaltenteilung.

Zudem wird zwar formal die Kommission als europäische Exekutive mit der Erarbeitung von Durchführungsbestimmungen betraut. Tatsächlich nehmen aber Kommission und mitgliedstaatliche Regierungen gemeinsam diese Aufgabe wahr. Hierdurch sowie auf Grund ihrer Zusammensetzung aus Vertretern der Mitgliedstaaten und der Kommission verbinden die Ausschüsse mitgliedstaatliche und europäische Ebene und durchbrechen somit zugleich die vertikale Gewaltenteilung (siehe *Abbildung 4*).[26]

Diese komplexe Konstellation ist integrationstheoretisch am besten durch den Mehrebenenansatz zu erklären, der die horizontale und vertikale Dimension europäischer Politik in einem analytischen Konzept erfasst. Danach werden Entscheidungskompetenzen von verschiedenen Akteuren verschiedener Ebenen gemeinsam wahrgenommen. Genau dies ist für die Komitologie charakteristisch.[27]

Betrachtet man die horizontale Gewaltenteilung auf europäischer Ebene genauer, so bewegt sich die Komitologie im Spannungsfeld des „institutionellen Dreiecks" aus Rat, Kommission und Parlament.

---

[26] Vgl. *Gerken, L./Schick, G.*, Reformbedarf, 2003, S. 4 f.
[27] Vgl. *Hofmann, H./Töller, A.*, Reform, 1998, S. 211.

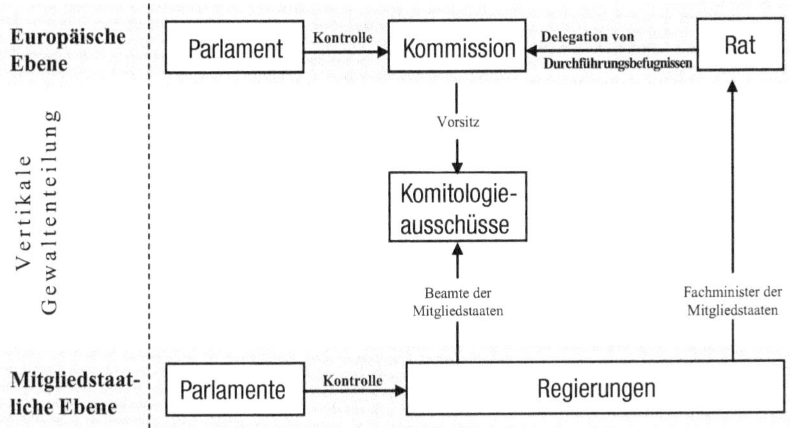

Abbildung 4: Komitologieausschüsse im institutionellen Gefüge der EU
Quelle: In Anlehnung an Gerken, L./ Schick, G., Reformbedarf, 2003, S. 6.

4.2 Der Komitologiestreit der Institutionen

Die Literatur sieht im Wesentlichen zwei Konfliktlinien zwischen den Institutionen: einerseits zwischen Rat und Kommission und andererseits zwischen Rat und Parlament. Im Focus der Betrachtungen steht zumeist die zweite Konfliktlinie, insbesondere die Einbeziehung des Parlaments in die Komitologie.[28] Von weitergehendem Interesse ist hier die Frage nach der Veränderung oder Verschiebung der einzelnen Positionen und interinstitutionellen Konfliktlinien seit Bestehen der Komitologie bis zur Gegenwart.

4.2.1 Rat vs. Kommission und Parlament

Die Delegation von Durchführungsbefugnissen stellt sich aus Sicht des Rates nicht ganz unproblematisch dar, kann doch das von der Kommission vertretene Gemeinschaftsinteresse von den im Rat vertretenen einzelstaatlichen Schutzinteressen abweichen. Da die Mitgliedstaaten letztlich für den Vollzug von Gemeinschaftsrecht verantwortlich sind und das Beschlossene auch in der Praxis umsetzbar sein muss, hat der Rat mit der Komitologie Ausschüsse und Verfahren eingeführt, durch die sich die Mitgliedstaaten Einfluss auf die Durchführungsrechtsetzung der Gemeinschaft

---

[28] *Hofmann, H./Töller, A.* sprechen beide Konfliktlinien an, während *Grams, H. A.* oder *Lintner, P./ Vaccari, B.* ausschließlich das Verhältnis von Rat und Parlament in der Komitologie analysieren.

sichern. Nicht zuletzt deswegen werden die Komitologieausschüsse in der Literatur auch als „kleine Räte" bezeichnet.[29] Eine ablehnende Ausschussstellungnahme dient dem Rat zugleich als Alarmglocke, die ihm das Vorliegen politischer Probleme anzeigt und ihn gegebenenfalls zum Eingreifen berechtigt[30], indem er über das Rekursrecht seine Exekutivfunktion selbst ausüben kann. Je nach Bedeutung der zu regelnden Materie (Maßnahme allgemeiner Tragweite oder lediglich Verfahrensmodalitäten des Vollzugs) garantiert die Komitologie ihm eine mehr oder weniger starke Kontrolle der Kommission.

Das Beratungsverfahren ist hierbei für den Rat die schwächste Mitwirkungsform, da er nach Verabschiedung des Basisrechtsaktes seinen (legislativen) Einfluss auf die Durchführungsmaßnahme verliert.[31] Demgegenüber sehen das Verwaltungs- und das Regelungsverfahren die Möglichkeit eines Rekurses und damit eines eigenen Ratsbeschlusses zu einer Durchführungsmaßnahme vor. Die Hürde hierfür liegt beim Verwaltungsverfahren höher als beim Regelungsverfahren, weshalb der Rat im Hinblick auf eine möglichst starke Kontrolle der Kommission in der Praxis das Regelungsverfahren bevorzugen dürfte.

Seit Einführung des Mitentscheidungsverfahrens durch den Maastrichter Vertrag ist der Rat nicht mehr länger das alleinige Rechtsetzungsorgan der Gemeinschaft; er hat insoweit eine Schwächung seiner Legislativfunktion sowie seiner Stellung im institutionellen Gefüge erfahren. Um eine Schmälerung seiner Rechte in der Komitologie und damit eine Schwächung auch seiner Exekutivfunktion zu vermeiden, hat der Rat hier bislang eine Gleichstellung des Parlaments abgelehnt. Nach seiner Auffassung war weder durch den Maastrichter Vertrag selbst, noch durch eine Änderung des Beschlusses von 1987 eine Aufwertung der Rolle des Parlaments in der Komitologie erforderlich.[32] Er hat deshalb dem Parlament mit Erlass des zweiten Komitologiebeschlusses 1999 auch nur eine überwiegend informelle Beteiligung[33] zugestanden.

Beim Rat lässt sich seit Einrichtung der ersten Ausschüsse keine veränderte Position gegenüber dem System und der Struktur der Komitologie feststellen. Das verwundert nicht, müssen sich doch die nationalen Fachminister – und damit Politiker – im Rechtsetzungsverfahren bei Erlass eines Basisrechtsaktes nicht mit technischen Detailfragen befassen und werden insoweit durch die Ausschüsse entlastet. Die Übertragung weit reichender Durchführungsbefugnisse dürfte für den Rat auch keinen Souveränitätsverlust der Mitgliedstaaten darstellen, da diese über

---

[29] So z. B. bei *Lintner, P./Vaccari, B.*, Parliament's Right, 2005, S. 15.
[30] *Schmitt von Sydow, H.* in *Groeben, H. von der*, Kommentar zum EWG-Vertrag, Art. 155, Rdnr. 58.
[31] *Grams, H. A.*, Gesetzgebungsprozess, 1995, S. 119.
[32] *Kietz, D./Maurer, A.*, Agreements, 2005, S. 16.
[33] Art. 7 Abs. 3 sowie Art. 8 des Beschlusses 1999/468/EG.

34

die Komitologie und hier insbesondere das Regelungsverfahren eine Kontrolle über die Aktivitäten der Kommission sicherstellen. Nicht zuletzt erhofft sich der Rat mit einer umfangreichen Delegation auch der bereits dargelegten wachsenden Einflussnahme des Parlaments im Rechtsetzungsverfahren entziehen zu können.[34]

4.2.2 Kommission vs. Rat

Von dieser auch machtpolitischen Erwägungen zu Grunde liegenden Übertragung weit reichender Durchführungsbefugnisse profitiert letztlich die Kommission, denn diese war von jeher um eine Stärkung ihrer Exekutivfunktion bemüht. So trat sie bei den Verhandlungen zur EEA zunächst für eine Änderung des Art. 155 vierter Spiegelstrich EWGV (nunmehr Art. 211 vierter Spiegelstrich EGV) dergestalt ein, ihr eine originäre Kompetenz zur Durchführung all jener Ratsbeschlüsse vertraglich einzuräumen, für die sich der Rat nicht ausnahmsweise durch einstimmigen Beschluss bestimmte Durchführungsbefugnisse vorbehält.[35] Letztlich kam es hierzu nicht. Vielmehr wurde Art. 145 EWGV (nunmehr Art. 202 EGV) um eine Bestimmung erweitert, wonach der Rat gehalten ist, sich typischer Durchführungsbefugnisse zu entledigen.

Die Kommission hat erst kürzlich wieder ihrer Forderung nach Ausweitung der exekutiven Kompetenzen Nachdruck verliehen und betont, dass „das EU-Recht weniger ausführliche Bestimmungen in grundlegenden Texten aufweisen und damit flexibler werden (könnte), wenn auf der Grundlage von Rahmenrechtsakten die Zuständigkeit der Kommission, Umsetzungsmaßnahmen durch schnellere Verfahren vorzusehen, anerkannt würde."[36]

Hier kommt zugleich ein weiteres vordergründiges Interesse der Kommission zum Ausdruck, möglichst ohne Einfluss der Mitgliedstaaten Durchführungsbestimmungen erlassen zu können. Sie hat deshalb in der Vergangenheit das IIIb-Verfahren[37] des Komitologiebeschlusses von 1987 abgelehnt und in den Beratungen hierzu darauf bestanden, dass ihr Protest bezüglich der Anwendung dieses Verfahrens in die Protokolle aufgenommen wird.[38] Zudem hat sie später gegenüber dem Parlament

---

[34] So auch *Demmke, C.*, Environmental Sector, 2000, in: *Andenas, M./Türk, A.*, Delegated Legislation, 2000, S. 298.

[35] *Bruha, T./Münch, W.*, Durchführungsbefugnisse, 1987, S. 543.

[36] Mitteilung der Kommission KOM (2005) 535 vom 25. Oktober 2005 an das Europäische Parlament, den Rat, den Europäischen Wirtschafts- und Sozialausschuss und den Ausschuss der Regionen – Umsetzung des Lissabon-Programms der Gemeinschaft: Eine Strategie zur Vereinfachung des ordnungspolitischen Umfelds, http://www.europa.eu.int/comm/enterprise/regulation/better_regulation/docs/simpli.de.pdf (28. Oktober 2005).

[37] Zum Ablauf des Verfahrens vgl. Ausführungen im Abschnitt 2.1.3, S. 6.

[38] *Neyer, J.*, Administrative Supranationalität, 1997, S. 27.

erklärt, sie wolle den Rat auffordern, in erster Linie das Verfahren „Beratender Ausschuss" zu wählen.[39]

Dass die Verwaltungs- und Regelungsverfahren trotzt ihres Rekursrechts den Handlungsspielraum der Kommission nicht zwingend einengen, hat im Jahr 1996 der sogenannten „Genmais-Fall"[40] gezeigt. Danach war im Regelungsverfahren (IIIa-Verfahren) nicht die erforderliche qualifizierte Mehrheit für den Vorschlag der Kommission zur Zulassung einer genetisch veränderten Maissorte zustande gekommen. Die Kommission musste daraufhin den Entwurf dem Rat zur Entscheidung vorlegen. Dort zeichnete sich innerhalb des 3-Monats-Zeitraums jedoch weder eine qualifizierte Mehrheit für den Vorschlag, noch die erforderliche Einstimmigkeit für eine Ablehnung ab. Der Rat verzichtete in der Folge auf eine formelle Abstimmung. Die Kommission erließ nach Konsultation wissenschaftlicher Ausschüsse (nicht Komitologieausschüsse) die Durchführungsmaßnahme.[41]

Des Weiteren kritisiert die Kommission die häufig zeitaufwändigen Verfahren und ist deshalb für eine Straffung derselben eingetreten.[42] Sie hat jedoch nie für eine Abschaffung der Komitologie plädiert, da sie ihrer Meinung nach zufrieden stellend funktioniert. Nicht zuletzt stellen die Ausschüsse für die Kommission eine wichtige Informationsquelle über die Implementierungspraxis in den Mitgliedstaaten sowie ein Forum für einen Austausch zwischen den nationalen Administrationen und ihren Fachexperten dar.[43] Durch die Komitologie kann die Kommission Netzwerke zu Beamten aufbauen, die für den nationalen Vollzug verantwortlich sind. Deshalb gilt für sie bei der Durchführung von Gemeinschaftsrecht: Mitwirkung nationaler Experten ja, Einflussnahme nein!

4.2.3 Parlament vs. Rat

Das Parlament stand der Komitologie am Anfang skeptisch gegenüber. Es war der Ansicht, dass das Ausschussverfahren nur mit äußerster politischer Vorsicht und ohne das institutionelle System der Gemeinschaft zu gefährden angewandt werden darf, da es nicht im Vertrag vorgesehen ist.[44] Zudem befürwortete das Parlament eine möglichst starke Stellung der Kommission als supranationales Exekutivorgan und eine Beschrän-

---

[39] *Meng, W.*, Neuregelung, 1988, S. 216.
[40] Eine ausführliche Untersuchung des Falles unternehmen *Hofmann, H./Töller, A.*, Reform, 1998, S. 214 f.
[41] Vgl. *Hofmann, H./Töller, A.*, Reform, 1998, S. 217.
[42] Aktuelles Beispiel ist hier der bereits zitierte Auszug aus der Mittelung der Kommission KOM (2005) 535 vom 25. Oktober 2005, vgl. insoweit Fn. 36.
[43] Vgl. *Hofmann, H./Töller, A.*, Reform, 1998, S. 211.
[44] *Europäisches Parlament*, Entschließung über die Gemeinschaftsverfahren zur Durchführung des abgeleiteten Gemeinschaftsrechts, ABl. C 108 vom 19. Oktober 1968, S. 37.

kung der exekutiven Funktionen des Rates, da dort eher die Vertretung nationaler Interessen vermutet wurde.[45] So forderte es in einer Entschließung vom 13. Dezember 1990[46] eine ausdrückliche Festlegung der Kommission als Exekutivorgan der Gemeinschaft in den Verträgen, ohne dass ihr diese Befugnisse eigens übertragen werden müssen. Diese Forderung relativierte das Parlament aber bereits in einer weiteren Entschließung vom 16. Dezember 1993[47] dahingehend, die Übertragung von Durchführungsbefugnissen an die Kommission durch allgemeinen Beschluss zu regeln.

Trotz der anfänglichen Skepsis erhob das Parlament grundsätzlich keine Einwände gegen das Ausschusssystem als solches oder forderte gar dessen Abschaffung. Es vertrat jedoch die Auffassung, dass die Komitologieausschüsse nicht an der Entscheidungsbefugnis der Organe beteiligt werden dürften, sondern vielmehr nur beratende Funktion ausüben sollten. Andernfalls befürchtete das Parlament Verzögerungen bei der Ausarbeitung oder dem In-Kraft-Setzen von Durchführungsmaßnahmen.[48] Es bestand deshalb darauf,

- eine Unterscheidung zwischen grundlegenden Rechtsvorschriften und Ausführungsbestimmungen festzulegen,
- die Ausschussverfahren zu vereinfachen und insbesondere die Regelungsausschüsse abzuschaffen sowie
- die Transparenz der Durchführungsverfahren sicherzustellen.

Darüber hinaus forderte das Parlament eine eigene stärkere Rolle in der Kontrolle der Implementierung von Gemeinschaftspolitiken.[49] Hierauf konnte es bislang kaum Einfluss nehmen, da seine Befugnisse nur in informellen interinstitutionellen Vereinbarungen geregelt waren (vgl. hierzu die Darstellung in *Anhang I*), die mit einer Ausnahme nur zwischen Parlament und Kommission geschlossen waren und überdies nur unzureichend funktionierten.[50]

Um sich hinsichtlich seiner Forderungen zur Komitologie Gehör zu verschaffen, setzte das Parlament eine Reihe ihm zur Verfügung stehender (Druck-)Mittel ein. Beispielhaft sind hier zu nennen:

---

[45] Vgl. *Hofmann, H./Töller, A.*, Reform, 1998, S. 212.
[46] *Europäisches Parlament*, Entschließung zu den Durchführungsbefugnissen der Kommission (Komitologie) und der Rolle der Kommission im Rahmen der Außenbeziehungen der Gemeinschaft, ABl. C 19 vom 28. Januar 1991, S. 273.
[47] *Europäisches Parlament*, Entschließung zu den mit Inkrafttreten des Vertrages über die Europäische Union zu erwartenden Problemen mit dem Ausschusswesen, ABl. C 20 vom 24. Januar 1994, S. 176.
[48] Vgl. Fn. 44.
[49] Vgl. Fn. 47.
[50] Vgl. Ziffer 4 der zitierten Entschließung des Parlaments vom 13. Dezember 1990.

- Sperrung der für die Ausschüsse vorgesehenen Haushaltsmittel in den Jahren 1984 und 1994,[51]
- Erhebung einer Klage auf Nichtigerklärung des Komitologiebeschlusses von 1987,[52]
- Verzögerung und Ablehnung von Rechtsakten im Mitentscheidungsverfahren.[53]

Dem letztgenannten Punkt kommt hierbei besondere Bedeutung zu, denn er steht für einen Konflikt zwischen Parlament und Rat, der sich bis in die Gegenwart erstreckt. So hatte die Einführung des Mitentscheidungsverfahrens einerseits einen beachtlichen Demokratiefortschritt gebracht, indem es das Parlament zum gleichberechtigten Mitgesetzgeber in weiten Bereichen des EGV machte. Andererseits war damit keine automatische Gleichstellung von Rolle und Rechten des Parlaments mit denen des Rates bei den Ausschussverfahren verbunden. Dies führte letztlich dazu, dass die ursprünglichen Forderungen des Parlaments hinsichtlich Vereinfachung und Transparenz in der Komitologie zwar grundsätzlich erhalten blieben, jedoch in den letzten Jahren eher in den Hintergrund traten. Denn der Schwerpunkt der Bemühungen des Parlaments verschob sich dahingehend, das institutionelle Gleichgewicht herzustellen, um die tatsächliche Gleichheit von Rat und Parlament zu gewährleisten.[54] Es betonte aber, nicht selber Durchführungsbefugnisse übernehmen, sondern vielmehr ein System einführen zu wollen, das ihm die Ausübung einer angemessenen Kontrolle und nötigenfalls die Aufhebung einer Durchführungsmaßnahme ermögliche.[55]

Der Rat kam der Forderung des Parlaments nach Herstellung des institutionellen Gleichgewichts in der Komitologie bislang nicht nach. Jedoch gesteht der Komitologiebeschluss von 1999 dem Parlament bei Durchführungsmaßnahmen, die auf im Mitentscheidungsverfahren erlassenen Rechtsakten beruhen, Informations- und Beteiligungsrechte zu.[56] So kann das Parlament erklären, dass ein von der Kommission vorgelegter Maßnahmeentwurf über die im Basisrechtsakt vorgesehenen Durchführungsbefugnisse hinausgeht. In diesem Fall ist die Kommission verpflichtet, den Entwurf nochmals zu prüfen. Nach einer weiteren interinstitutionellen

---

[51]   *Demmke, C./Haibach, G.,* Komitologieausschüsse, 1997, S. 712.
[52]   Der EuGH hat in seinem Urteil vom 27. September 1988 die Klage allerdings für unzulässig erklärt; vgl. Slg. 1988, S. 5615.
[53]   So hat es den Erlass der Richtlinie zur Einführung des offenen Netzzugangs beim Sprachtelefondienst (Richtlinienvorschlag veröffentlicht im ABl. C 263 vom 12. Oktober 1992, S. 20) wegen des ungelösten Komitologiestreits verhindert.
[54]   *Europäisches Parlament,* Aglietta-Bericht 1998, S. 7, und Aglietta-Bericht 1999, S. 20.
[55]   *Europäisches Parlament,* Aglietta-Bericht 1999, S. 19.
[56]   Art. 5 Abs. 5, Art. 7 Abs. 3 und Art. 8.

Vereinbarung zwischen Kommission und Parlament[57] – die die bisherigen Vereinbarungen außer Kraft setzt – erhält das Parlament auf Antrag nunmehr auch Entwürfe von Maßnahmen, die nicht auf einem im Mitentscheidungsverfahren erlassenen Basisrechtsakt beruhen, wenn sie von besonderer Bedeutung für das Parlament sind. Eine Erklärung hierzu ist jedoch nicht möglich.

Das Parlament gibt sich auch heute nicht mit seinen informellen Rechten in der Komitologie zufrieden und hat im Oktober 2005 erneut einen Vorstoß zur Erweiterung seiner Kompetenzen unternommen. So soll eine Arbeitsgruppe des parlamentarischen Ausschusses für konstitutionelle Fragen unter der Leitung des MEP Richard Corbett Kontrollrechte – und soweit erforderlich auch Rückholrechte – aushandeln.[58] Zu den Hintergründen verwies Herr Corbett auf die nach wie vor unbefriedigende Situation des Parlaments, einerseits im Mitentscheidungsverfahren zusammen mit dem Rat Basisrechtsakte zu erlassen, andererseits bei deren Durchführung außen vor zu bleiben. Dies sei insbesondere im Falle der ablehnenden Stellungnahme eines Komitologieausschusses problematisch, da hier der Rat gegebenenfalls die jeweilige Durchführungsmaßnahme selber erlassen kann. Deshalb sei das Parlament bisweilen nicht Willens, mit Erlass eines Basisrechtsaktes überhaupt Durchführungsbefugnisse zu delegieren.[59]

4.3   Schlussfolgerungen

Zusammenfassend lässt sich feststellen, dass Rat, Kommission und Parlament ein starkes Interesse an der Komitologie haben. Alle drei Institutionen erachten das Ausschusssystem für notwendig und halten an ihm fest. Die regelmäßig auftretenden Forderungen nach mehr Transparenz und Straffung der Verfahren scheinen in den Hintergrund zu treten, betrachtet man die machtpolitischen Interessenlagen der Institutionen. Im Mittelpunkt interinstitutioneller Konflikte stand und steht deshalb vielmehr die Frage nach der Gewichtung, die Rat, Kommission und Parlament bei der Durchführung von Gemeinschaftsrecht zukommt und zukommen soll.

Ging es dem Rat in der Komitologie zunächst um eine möglichst große Kontrolle der supranational agierenden Kommission bei der Implementierung von Gemeinschaftspolitiken, so ist er seit Legitimierung des Parlaments als Mitgesetzgeber

---

[57]   Vereinbarung zwischen dem Europäischen Parlament und der Kommission über die Modalitäten der Anwendung des Beschlusses 1999/468/EG des Rates vom 28. Juni 1999 zur Festlegung der Modalitäten für die Ausübung der der Kommission übertragenen Durchführungsbefugnisse; ABl. L 256 vom 10. Oktober 2000, S. 19.

[58]   Pressemitteilung vom 14. Oktober 2005, http://www.euractiv.com/Article?tcmuri=tcm:31-145853-16&type =News (15. Oktober 2005).

[59]   Antwort auf eine E-Mail-Anfrage vom 24. Oktober 2005.

um eine Kompensation seiner geschwächten Legislativfunktion bemüht. Durch eine umfangreiche Delegation von Durchführungsbefugnissen versucht er sich der wachsenden Einflussnahme des Parlaments zu entziehen, dessen Mitbestimmungsrechte in der Komitologie nach wie vor äußerst gering sind. Das Parlament, das zunächst mit den ihm zur Verfügung stehenden Mitteln eine Ausweitung der Komitologie verhindern wollte, tritt nunmehr vor allem für eigene Beteiligungs- und Kontrollrechte ein, um auch hier das institutionelle Gleichgewicht mit dem Rat herzustellen. Insoweit versucht es bisweilen auch, die umfangreiche Delegation von Durchführungsbefugnissen zu verhindern. Von diesem interinstitutionellen Konflikt zwischen Rat und Parlament ist auch die Kommission insofern betroffen, als ein Tauziehen um Mitbestimmungsrechte in der Komitologie ihrem Ziel einer autonomen Ausübung der Durchführungsbefugnisse als supranationales Exekutivorgan entgegenstehen dürfte.

5 Komitologie in der Praxis

Im vorangegangenen Kapitel wurde zunächst die Bedeutung der Komitologie aus Sicht der Institutionen Rat, Kommission und Parlament untersucht. Hierbei blieb die Darstellung der Arbeits- und Funktionsweise des Ausschusssystems auf der Grundlage empirischer Daten vorerst außen vor. Nunmehr soll ein Überblick über die Tätigkeit der Ausschüsse gegeben werden. Von besonderem Interesse ist insoweit,

- in welchem Umfang die Ausschüsse und ihre Verfahren bei der Durchführung von Gemeinschaftsrecht eingesetzt werden und welche Entwicklungen sich beobachten lassen,
- ob und inwieweit sich die bereits festgestellten machtpolitischen Interessenlagen und Konflikte der Institutionen auf die Struktur und Funktionsweise des Ausschusssystems auswirken.

Ferner sollen die hieraus gewonnenen Erkenntnisse die Grundlage für die nachfolgende Untersuchung der Ausschusstätigkeit eines ausgewählten Politikbereichs bilden.

5.1 Überblick über die Tätigkeit der Ausschüsse

Dem Transparenzgedanken des Komitologiebeschlusses von 1999[60] folgend, muss die Kommission seit dem Jahr 2000 einen jährlichen Bericht über die Arbeit der Ausschüsse veröffentlichen. Bis dahin waren Angaben zur Komitologie nur in den Haushaltsplänen der EG zu finden, da hierüber die Mittelzuweisung an die einzelnen Ausschüsse erfolgt(e). Bei der Untersuchung der Ausschusstätigkeit werden auf der Grundlage dieser Quellen die ersten fünf Jahre ab dem Komitologiebeschluss 1999/468/EG (2000 bis 2004) und – soweit Daten vorhanden – die letzten fünf Jahre des vorangegangenen Beschlusses 87/373/EWG (1995 bis 1999) betrachtet.

5.1.1 Anzahl der Ausschüsse und Verfahren

Grundlage für die Bewertung der Komitologie ist zunächst die Entwicklung der Anzahl der Ausschüsse und Verfahren in den zurückliegenden zehn Jahren.

---

[60] Art. 7 Abs. 4 des Beschlusses 1999/468/EG.

	Jahr									
	1995	1996	1997	1998	1999	2000	2001	2002	2003	2004
Ge-samt-zahl	325	335	356	386	390	254[61]	248[61]	256[61]	256	248

Tabelle 1: Anzahl der Ausschüsse

Seit Einrichtung der ersten Komitologieausschüsse Anfang der 60er Jahre waren diese im Jahr 1999 auf nahezu 400 angewachsen. Erst der Beschluss 1999/468/EG führte im Jahr 2000 zu einer Reduzierung der Ausschüsse um mehr als ein Drittel. Ihre Anzahl ist seitdem konstant geblieben bzw. sank im Jahr 2004 leicht. Dies kann jedoch nicht darüber hinwegtäuschen, dass auch heute noch ein sehr komplexes Ausschusssystem existiert, für das insgesamt mehr nationale Experten tätig sind als die Kommission Beamte hat.[62]

In den 22 Politikbereichen der Europäischen Union, in denen Komitologieausschüsse tätig werden, variiert deren Anzahl stark. Exemplarisch sind nachfolgend Politikbereiche mit hoher, mittlerer und geringer Ausschussstärke dargestellt:

Politikbereich	Jahr				
	2000	2001	2002	2003	2004
Umwelt (ENV)	41	36	35	35	35
Landwirtschaft (AGRI)	30	29	29	30	30
Unternehmen (ENTR)	32	31	31	33	30
Transeuropäische Netze/Verkehr/Energie (TREN)	39[63]	39	39	45	40
Gesundheit und Verbraucherschutz (SANCO)	22	22	22	13[64]	13
Binnenmarkt (MARKT)	10	10	11	12	11
Justiz und Inneres (JAI)	2	5	7	7	10
Außenbeziehungen (RELEX)	7	2	2	3	3

Tabelle 2: Anzahl der Ausschüsse in ausgewählten Politikbereichen

---

[61] Die in den Jahresberichten aufgeführten Ausschusszahlen (2000: 244, 2001: 247, 2002: 257) wurden in den jeweils nachfolgenden Jahresberichten korrigiert.

[62] 25 nationale Delegationen pro Ausschuss mit jeweils einem nationalen Experten x 248 Ausschüsse = 6.200 nationale Experten. Demgegenüber waren im Stellenplan der Kommission im Jahr 2004 nur 5.228 Stellen für Statutspersonal (Verwaltung, ohne Sprachendienst) ausgewiesen; http://europa.eu.int/eur-lex/budget/data/D2004_EUR25_VOL4/DE/nmc-titleN1B591/index.html (6. Januar 2006).

[63] Im Jahresbericht 2000 waren zunächst 29 Ausschüsse angegeben. Die Zahl wurde im Jahresbericht 2001 korrigiert.

[64] Im Gegensatz zu den Vorjahren wurde der Ständige Ausschuss für die Lebensmittelkette und

Ausgehend vom „3-Säulen-Modell der EU"[65] lässt sich ein Zusammenhang zwischen der Anzahl der Ausschüsse und dem erreichten Integrationsstand der Politikbereiche feststellen. Die Bereiche Umwelt, Landwirtschaft, Unternehmen sowie Transeuropäische Netze/Verkehr/Energie werden nicht nur der 1. Säule (Europäische Gemeinschaften), die durch supranationales Tätigwerden gekennzeichnet ist, zugeordnet. Sie sind zugleich die Arbeitsschwerpunkte in Bezug auf die Komitologie. Hier sind mehr als die Hälfte aller Ausschüsse tätig, deren Anzahl weitgehend konstant geblieben ist. Auch die Bereiche mit mittlerer Ausschussstärke sind der 1. Säule zuzuordnen.

Eine der allgemeinen Tendenz zur konstanten Ausschusszahl gegenläufige Entwicklung ist im Politikbereich Justiz und Inneres beobachtbar. Als Teil der 3. Säule (Zusammenarbeit in der Innen- und Rechtspolitik) ist dieser Bereich durch intergouvernementale Zusammenarbeit gekennzeichnet. In Folge fortschreitender Integration und verstärkter Gemeinschaftstätigkeit hat der Gesetzgeber in den letzten Jahren neue Ausschüsse eingerichtet. Eine solche Entwicklung ist für den Politikbereich der 2. Säule (Gemeinsame Außen- und Sicherheitspolitik) nicht feststellbar. In diesem sensiblen Bereich haben die Mitgliedstaaten bislang ihre Souveränität behalten.

Die Anzahl der Ausschüsse der Jahre 1995 bis 2004 lässt sich in einem weiteren Schritt in die einzelnen Verfahren (Beratungs-, Verwaltungs- und Regelungsverfahren) untergliedern:

Verfahren	Jahr									
	1995	1996	1997	1998	1999	2000	2001	2002	2003	2004
Beratung	174	172	183	195	193	26	31	32	31	31
Verwaltung	63	63	67	70	67	55	76	78	74	64
Regelung	77	88	94	101	106	109	106	97	100	95
Ausschüsse, die nach mehr als einem Verfahren arbeiten	11	12	12	20	24	48	28	46	49	55

Tabelle 3: Anzahl der Ausschüsse nach Verfahren

Tiergesundheit mit seinen neun Fach- und Untergruppen als ein einziger Ausschuss gezählt; vgl. Jahresbericht 2003, S. 4.

[65] Der Aufbau der EU wird seit dem Vertrag von Maastricht in Politik und Wissenschaft als Säulenmodell bezeichnet. Danach stellt die EU das Dach eines Tempels dar, das von den Säulen (1) Europäische Gemeinschaften, (2) Gemeinsame Außen- und Sicherheitspolitik und (3) Zusammenarbeit in der Innen- und Rechtspolitik getragen wird. Die Politikbereiche der Säule 1 sind vergemeinschaftet, die Bereiche der Säulen 2 und 3 sind durch intergouvernementale Zusammenarbeit gekennzeichnet. Vgl. *Bleckmann, A.*, Europarecht, 1997, Rdnr. 48 f.

Mit Erlass des zweiten Komitologiebeschlusses wurde die Anzahl der Ausschüsse, die ausschließlich nach dem Beratungsverfahren arbeiten, stark reduziert. Sie ist in den letzten Jahren (nahezu) unverändert geblieben. Demgegenüber blieb die Anzahl der Ausschüsse, die ausschließlich nach dem Verwaltungs- oder Regelungsverfahren arbeiten, mit Erlass des Beschlusses zunächst weitgehend konstant. In den letzten Jahren sind die Zahlen leicht rückläufig.

Eine entgegengesetzte Entwicklung hat die Anzahl der Ausschüsse, die nach mehr als einem Verfahren arbeitet, genommen. Hier ist ein Trend dahingehend festzustellen, diese Ausschüsse in der Praxis immer häufiger einzusetzen. Waren sie vor zehn Jahren noch die Ausnahme, so hat sich ihre Zahl zwischenzeitlich verfünffacht.

Der weitaus größte Teil der Ausschüsse – derzeit rund 40 Prozent – wird nach dem Regelungsverfahren tätig. Dieses Verfahren sichert dem Rat über die nationalen Experten Mitspracherechte bei der Durchführung von Gemeinschaftsrecht. Insoweit ist es Kommission und Parlament bislang offenbar nicht gelungen, ihre wiederholten Forderungen bzw. Bemühungen einer überwiegenden Einsetzung von Ausschüssen, die nach dem Beratungsverfahren arbeiten, durchzusetzen. Stattdessen kommt diesen Ausschüssen in der heutigen Praxis kaum noch Bedeutung zu.

Für die zuvor ausgewählten Politikbereiche stellt sich die Anzahl der Ausschüsse nach Verfahren derzeit wie folgt dar:

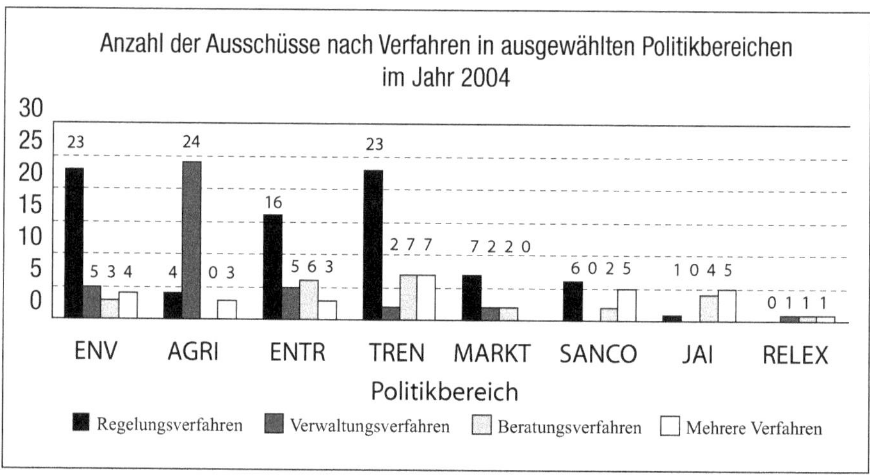

Abbildung 5: Anzahl der Ausschüsse nach Verfahren in ausgewählten Politikbereichen im Jahr 2004

In den vergemeinschafteten Politikbereichen, in denen die Mitgliedstaaten ihre Hoheitsrechte an die Institutionen der Gemeinschaft übertragen haben, werden die Ausschüsse vorrangig nach dem Regelungsverfahren (ENV, ENTR, TREN, MARKT, SANCO) oder Verwaltungsverfahren (AGRI) tätig. Demgegenüber arbeiten die Ausschüsse in den durch zwischenstaatliche Kooperation gekennzeichneten Politikbereichen (JAI, RELEX) nach dem Beratungsverfahren oder nach mehreren Verfahren. Der einzige Ausschuss, der hier ausschließlich nach dem Regelungsverfahren tätig wird, wurde zur Durchführung der Visapolitik eingesetzt.[66] Dies ist zugleich das einzige Politikfeld aus dem Bereich JAI, das derzeit vergemeinschaftet ist.

5.1.2 Wesentliche Bestimmungsgrößen der Ausschusstätigkeit

Ausgehend von der Feststellung, dass die Anzahl der Komitologieausschüsse in den vergangenen Jahren konstant geblieben bzw. im Jahr 2004 leicht rückläufig war, soll nunmehr untersucht werden, wie sich demgegenüber die Entwicklung wesentlicher Bestimmungsgrößen der Ausschusstätigkeit im Betrachtungszeitraum darstellt. Diese sind vorliegend die Anzahl der Ausschusssitzungen und -stellungnahmen.[67] Ergänzend dazu wird die Anzahl der von der Kommission erlassenen Durchführungsmaßnahmen[68] ausgewiesen.

Bestimmungsgröße	Jahr				
	2000	2001	2002	2003	2004
Anzahl der Ausschusssitzungen	1.042	1.007	1.007	1.024	1.062
Anzahl der Ausschussstellungnahmen	3.342	3.535	3.610	2.981	2.777
Anzahl der Durchführungsmaßnahmen der Kommission	2.840	2.674	3.077	2.768	2.625

Tabelle 4: Anzahl der Ausschusssitzungen und -stellungnahmen sowie Durchführungsmaßnahmen der Kommission

---

[66] Vgl *Kommission der Europäischen Gemeinschaften*, Jahresbericht 2003, S. 41.

[67] Hiervon umfasst sind befürwortende und ablehnende Stellungnahmen sowie Fälle ohne Stellungnahmen, im Falle des Regelungs- und Verwaltungsverfahrens nach einer formellen Abstimmung.

[68] Die Abweichungen zwischen der Zahl der Ausschussstellungnahmen und der Zahl der Durchführungsmaßnahmen eines Jahres sind z. B. dadurch zu erklären, dass Stellungnahmen in einem Jahr beschlossen, die jeweiligen Durchführungsmaßnahmen jedoch erst im darauf folgenden Jahr erlassen werden.

Die höchsten Einzelwerte erreichte im Jahr 2004 der Politikbereich Landwirtschaft mit 344 Ausschusssitzungen sowie 1.279 Ausschussstellungnahmen und Durchführungsmaßnahmen der Kommission.[69]
Bei einer Beurteilung der Bestimmungsgrößen über den Betrachtungszeitraum ist festzustellen, dass die Anzahl der Sitzungen nach zunächst abnehmender Tendenz im Jahr 2004 den höchsten Stand erreicht hat. Hier ist zwar eine gegenläufige Entwicklung zur Anzahl der Ausschüsse zu verzeichnen. Es muss jedoch auch berücksichtigt werden, dass nicht jeder Ausschuss in jedem Jahr tagt und zuweilen mehrere Ausschüsse eines Politikbereichs gemeinsame Sitzungen abhalten.[70]

Die Anzahl der Stellungnahmen hat nach zunächst zunehmender Tendenz im Jahr 2004 den niedrigsten Stand erreicht.

Setzt man beide Bestimmungsgrößen zueinander ins Verhältnis, lässt sich die durchschnittliche Anzahl Stellungnahmen je Ausschusssitzung ermitteln. Diese hat sich in den Jahren 2000 bis 2004 wie folgt entwickelt:

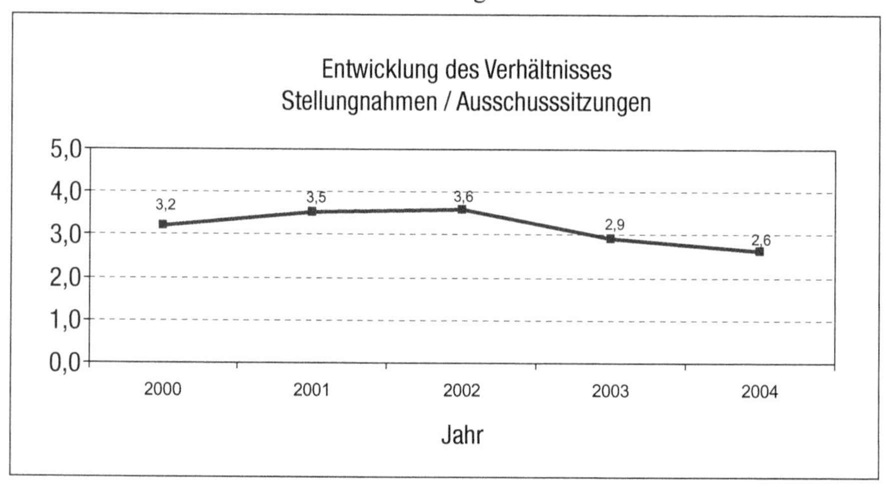

Abbildung 6: Entwicklung des Verhältnisses Stellungnahmen/Ausschusssitzungen

Die durchschnittliche Anzahl Stellungnahmen je Ausschusssitzung sank von 3,2 im Jahr 2000 bzw. 3,6 im Jahr 2002 auf 2,6 im Jahr 2004. Als Ursachen dieser Entwicklung könnten in Betracht kommen:

---

[69]   Die ergänzenden Angaben für diesen Politikbereich wurden dem Jahresbericht 2004, S. 11 f., entnommen.

[70]   Beispiele lassen sich im Register der Komitologie finden, in dem die Tagesordnungen der Ausschüsse ver-öffentlicht sind; http://europa.eu.int/comm/secretariat_general/regcomito/registre.cfm?CL=de (29. Dezember 2005).

46

- Änderung in der Zusammensetzung der Ausschüsse
  In den Ausschüssen ist eine Delegation jedes Mitgliedstaates vertreten. Die Mitgliederzahl hat sich somit durch den Beitritt der zehn mittel- und osteuropäischen Staaten erhöht. Bei der Beratung einer Vorlage sind nunmehr 25 nationale Schutzinteressen zu berücksichtigen, was für einen zeitaufwändigeren Beratungsverlauf ursächlich sein könnte. Diese Änderung in der Zusammensetzung der Ausschüsse kann jedoch allenfalls Auswirkungen auf das Jahr 2004 gehabt haben, da bis dahin die neuen Mitgliedstaaten nur als Beobachter in den Ausschüssen vertreten waren.

- Komplexität des Beratungsgegenstandes
  Eine abnehmende Regelungsdichte in den Basisrechtsakten und eine umfangreichere Delegation von Durchführungsbefugnissen auf die Kommission führen zu einem zunehmenden Regelungserfordernis in den Durchführungsbestimmungen selbst. Die damit verbundene Komplexität der Vorlagen kann den Abstimmungsprozess in den Ausschüssen erschweren und somit für einen längeren Beratungsverlauf ursächlich sein.

5.1.3 Ratsbefassung und Ausübung des Überwachungsrechts des Parlaments

Sofern der Entwurf einer Durchführungsmaßnahme im Verwaltungsverfahren mit qualifizierter Mehrheit abgelehnt oder im Regelungsverfahren nicht mit qualifizierter Mehrheit bestätig wird, ist der Rat zu befassen. Die Zahl dieser Befassungen ist in der nachfolgenden Tabelle dargestellt:

Befassung des Rates	Jahr				
	2000	2001	2002	2003	2004
absolut davon:	6	10	7	0	17
Landwirtschaft	1	2	2		
Umwelt	1		1		12
Gesundheit und Verbraucherschutz	4	5	1		4
Unternehmen		2			
Verkehr		1	2		
Handel			1		
Steuern und Zoll					1
relativ (in % der Ausschussstellungnahmen)	0,18	0,28	0,19	0,00	0,61

Tabelle 5: Befassung des Rates

In den Jahren 2000 bis 2003 wurde der Rat nur sehr selten oder gar nicht befasst. Auch wenn die absolute Zahl der Ratsbefassungen im Jahr 2004 gestiegen und im Vergleich zu den vorangegangenen Jahren am höchsten ist, so liegt deren relativer Anteil nach wie vor weit unter 1 % aller Ausschussstellungnahmen.

Diese Zahlen machen deutlich, dass die Arbeit in den Ausschüssen vor allem konsensgeprägt sein dürfte. Im Vordergrund steht die fachliche Diskussion. Die Bereitschaft, Kompromisse einzugehen, ist hierbei hoch. Zudem hat die Kommission die Möglichkeit, bereits bei der Erarbeitung eines Vorschlags in den Dialog mit den Mitgliedstaaten zu treten und einzelne Erwägungen zu berücksichtigen und gegebenenfalls Anpassungen/Ergänzungen vorzunehmen, um somit einen zustimmungsfähigen Entwurf zur Abstimmung im Ausschuss vorlegen zu können.

Im Jahr 2004 wurden die Ratsbefassungen fast ausschließlich von Ausschüssen ausgelöst, die nach dem Regelungsverfahren arbeiten. Die Kommission sieht die Ursachen hierfür in einer erweiterungsbedingt schwieriger zu erreichenden qualifizierten Mehrheit für eine positive Stellungnahme sowie in den sensiblen Regelungsmaterien selbst.[71]

Eine Entwicklung dahingehend, den Rat zukünftig häufiger mit einzelnen Durchführungsmaßnahmen zu befassen, wird von hier jedoch nicht gesehen. Denn die nationalen Experten in den Ausschüssen dürften letztlich selber kein Interesse daran haben, Politikern die abschließende Entscheidung zu überlassen. Zudem sollte es auch im Interesse der Mitgliedstaaten sein, durch den zügigen Erlass von Durchführungsmaßnahmen Rechtsklarheit für den nationalen Vollzug von EU-Recht zu schaffen. Die Kommission hat es ferner in der Hand, im Vorfeld der Ausschussberatungen auch die Schutzinteressen der neuen Mitgliedstaaten im Abstimmungsprozess hinreichend zu berücksichtigen und damit einen mehrheitsfähigen Entwurf vorzulegen.

Die Zahl der Ratsbefassungen sagt aber noch nichts darüber aus, ob der Rat in diesen Fällen auch tatsächlich selber exekutiv tätig wurde und einen anders lautenden Beschluss gefasst hat. Da die Fristen hierfür vergleichsweise kurz sind und zudem eine qualifizierte Mehrheit gefordert wird, dürfte die Zahl eigener Durchführungsmaßnahmen niedriger sein.[72]

Die Beteiligungsrechte des Parlaments in der Komitologie sind geringer als die des Rates und erschöpfen sich in der Möglichkeit, bei vermuteter Überschreitung der Durchführungsbefugnisse durch die Kommission eine Entschließung abzugeben;

---

[71] *Kommission der Europäischen Gemeinschaften,* Jahresbericht 2004, S. 6.
[72] Verlässliche (Zahlen-)Angaben liegen hierzu leider nicht vor. Zur Problematik eigener Ratsbeschlüsse wird auf die Ausführungen zum Genmais-Fall verwiesen; S. 17.

vgl. Art. 8 des Beschlusses 1999/468/EG. Das Parlament hat ferner in Art. 81 seiner Geschäftsordnung[73] eine inhaltsgleiche Vorschrift aufgenommen. Die Kommission ist verpflichtet, den Entwurf ihrer Durchführungsmaßnahme nochmals zu prüfen; sie ist jedoch nicht an die Entschließung gebunden. In den Jahren 2000 bis 2004 hat das Parlament von seinem sog. Überwachungsrecht drei Mal Gebrauch gemacht:[74]

- Im Jahr 2000 zur Angemessenheit des von den Grundsätzen des „sicheren Hafens" und der diesbezüglich „Häufig gestellten Fragen" (FAQ) gewährten Schutzes personenbezogener Daten.
  Diese erste Entschließung[75] des Parlaments seit In-Kraft-Treten des zweiten Komitologiebeschlusses enthielt inhaltliche Vorschläge zur Modifizierung des Kommissionsentwurfs. Die Feststellung, dass die Kommission die ihr im Basisrechtsakt (hier nach Art. 25 Abs. 6 i. V. m. Art. 31 Abs. 2 der Datenschutzrichtlinie[76]) übertragenen Durchführungsbefugnisse überschritten habe, wurde nicht getroffen. Aus diesem Grunde kam die gleichwohl vorgenommene Überprüfung der Kommission zum Ergebnis, dass keine Überschreitung ihrer Kompetenzen vorliege. Die Durchführungsmaßnahme wurde daraufhin erlassen.[77]

- Im Jahr 2002 zur Verschiebung des Verbots für das In Verkehr Bringen von Kosmetika, die an Tieren getestet wurden.
  Da der Basisrechtsakt[78], der eine Übertragung von Durchführungsbefugnissen auf die Kommission enthält, nicht im Mitentscheidungsverfahren nach Art. 251 EGV beschlossen wurde, konnte die Entschließung des Parlaments nicht auf Art. 8 des Komitologiebeschlusses gestützt werden. Insoweit wird dieser Fall auch nicht im Jahresbericht 2002 erwähnt. Die Entschließung zur Kompetenzüberschreitung der Kommission wurde letztlich auch durch ein parallel laufendes Normsetzungsverfahren zur Änderung des Basisrechtsaktes obsolet.

---

[73] Geschäftsordnung des Europäischen Parlaments, 2005, http://www.europarl.eu.int/omk/sipade3?PROG=RULES-EP&L=DE&REF=TOC (23. November 2005).

[74] Vgl. *Lintner, P./Vaccari, B.*, Parliament's Right, 2005, S. 17.

[75] *Europäisches Parlament*, Entschließung zu dem Entwurf einer Entscheidung der Kommission über die Angemessenheit der US-Grundsätze des Sicheren Hafens und diesbezügliche häufig gestellte Fragen (FAQ), vorgelegt vom Handelsministerium der USA (C5-0280/2000 – 2000/2144(COS)) vom 5. Juli 2000, ABl. C 121 vom 24. April 2001, S. 152.

[76] Richtlinie 95/46/EG des Europäischen Parlaments und des Rates vom 24. Oktober 1995 zum Schutz natürlicher Personen bei der Verarbeitung personenbezogener Daten und zum freien Datenverkehr, ABl. L 281 vom 23. November 1995, S. 31.

[77] Entscheidung der Kommission (2000/250/EG) vom 26. Juli 2000 gemäß der Richtlinie 95/46/EG des Europäischen Parlaments und des Rates über die Angemessenheit des von den Grundsätzen des „sicheren Hafens" und der diesbezüglichen „Häufig gestellten Fragen" (FAQ) gewährleisteten Schutzes, vorgelegt vom Handelsministerium der USA, ABl. L 215 vom 25. August 2000, S. 7.

[78] Richtlinie 93/35/EWG des Rates vom 14. Juni 1993 zur sechsten Änderung der Richtlinie 76/768/EWG zur Angleichung der Rechtsvorschriften der Mitgliedstaaten über kosmetische Mittel, ABl. L 151 vom 23. Juni 1993, S. 32.

- Im Jahr 2004 zur Angemessenheit des Schutzes der personenbezogenen Daten, die in den Passenger Name Records enthalten sind.

Diese Entschließung des Parlaments, die auf Art. 8 des zweiten Komitologiebeschlusses gestützt war, bezog sich – wie bereits im Jahr 2000 – auf Durchführungsmaßnahmen nach Art. 25 der Datenschutzrichtlinie. Sie enthielt jedoch wiederum keine Feststellung, dass die Kommission die ihr übertragenen Durchführungsbefugnisse überschritten habe, sondern setzte sich vielmehr kritisch mit dem Inhalt des Entwurfs auseinander. Die gleichwohl durchgeführte Überprüfung der Kommission fiel deshalb negativ aus; die Durchführungsmaßnahme[79] wurde erlassen.

Anzumerken ist zudem, dass dieser Fall nicht im Jahresbericht 2004 der Kommission erwähnt wird. Vielmehr ist stattdessen eine Entschließung des Parlaments im Bereich der Tierernährung[80] aufgeführt, die sich jedoch nicht auf Art. 8 des zweiten Komitologiebeschlusses, sondern auf Art. 81 der Geschäftsordnung des Parlaments stützt. Die Kommission hat den Fall gleichwohl überprüft und ihren Entwurf einer Durchführungsmaßnahme nach den Empfehlungen des Parlaments geändert.[81]

Die wenigen von hier ermittelten Fälle einer Entschließung des Parlaments wurden nicht mit der Feststellung unterlegt, die Kommission habe ihre Durchführungsbefugnisse im konkreten Einzelfall überschritten. In anderen Fällen, in denen das Parlament eine solche Feststellung traf, stützte sich die Entschließung nicht auf Art. 8 des Beschlusses 1999/468/EG. Insoweit wird deutlich, dass das Parlament offenbar sein Überwachungsrecht in der Komitologie nicht zu nutzen weiß oder aber dieses Instrument ungeeignet ist, eine wirksame parlamentarische Kontrolle der Kommission zu gewährleisten.

5.2 Komitologie am Beispiel der europäischen Landwirtschaftspolitik

Demmke, C./Haibach, G. haben 1997 die Komitologie in der europäischen Umweltpolitik untersucht und festgestellt, dass der Rat offenbar großen Wert auf eine mög-

---

[79] Entscheidung der Kommission C(2004)1914 vom 14. Mai 2004 über die Angemessenheit des Schutzes der personenbezogenen Daten, die in den Passenger Name Records enthalten sind, welche dem United States Bureau of Customs and Border Protection übermittelt werden.

[80] Verordnung (EG) Nr. 1292/2005 der Kommission zur Änderung von Anhang IV der Verordnung (EG) 999/2001 des Europäischen Parlaments und des Rates hinsichtlich Tierernährung, ABl. L 205 vom 6. August 2005, S. 3.

[81] *Kommission der Europäischen Gemeinschaften*, Jahresbericht 2004, S. 6.

50

lichst starke Kontrolle der Kommission bei der Ausübung ihrer Durchführungsbefugnisse legt und zuweilen auch selbst detaillierte Vollregelungen vornimmt.[82]
Bei dieser Untersuchung wurden Arbeitstechniken und Verhandlungsstil der Ausschüsse allerdings nicht näher betrachtet. Hierzu lassen sich in der Literatur bei
Wessels, W. allgemeine Aussagen finden, wonach die Arbeit in den Ausschüssen
auf eine kooperative Problembearbeitung ziele und die beteiligten Beamten nicht
an der exakten Form ihrer Ausschüsse, sondern an der Sacharbeit interessiert seien.[83]

Auf Grund ihres hohen Integrationsniveaus wurde für die nachfolgende Untersuchung die europäische Landwirtschaftspolitik ausgewählt. Auch als Gemeinsame
Agrarpolitik bezeichnet, fällt sie in die Zuständigkeit der Gemeinschaft. In ihr
wurden die nach dem Zweiten Weltkrieg im Zusammenhang mit der Nahrungsmittelknappheit eingeführten staatlich regulierenden Agrarpolitiken zusammengeführt. Sie war der Preis für den freien Warenverkehr und damit Bedingung für das
Entstehen der EWG überhaupt.[84]

Der Politikbereich Landwirtschaft war zugleich der erste, in dem die Komitologie
eingesetzt wurde. Wie die Auswertung empirischer Daten gezeigt hat, verfügt er über
eine stark ausgeprägte Ausschussstruktur. Derzeit werden hier 24 der 31 Ausschüsse
nach dem Verwaltungsverfahren tätig, deren Aufgabe vor allem die Verwaltung der
Gemeinsamen Agrarmarktordnungen ist. Weitere vier Ausschüsse arbeiten nach dem
Regelungsverfahren und drei Ausschüsse nach dem Beratungsverfahren. Die Komitologie im Landwirtschaftsbereich wies zudem im Jahr 2004 mit 344 Sitzungen und
1.279 Stellungnahmen die stärkste Tätigkeit aller Bereiche auf.[85]

5.2.1 Arbeitstechniken und Verhandlungsstil der Ausschüsse sowie die Rolle der Institutionen im Verfahren

Die Delegation eines Mitgliedstaates in den Ausschüssen umfasst in der Regel ein
bis zwei nationale Experten aus Regierung und Verwaltung. Einen Überblick über
die Zusammensetzung der Ausschüsse gibt die in *Anhang II* aufgeführte Teilnehmerliste einer ausgewählten Sitzung. Für Deutschland ist auch ein vom Bundesrat
bestellter Ländervertreter anwesend, was in der hiesigen föderalen Struktur begründet ist. Danach ist die Ausübung der staatlichen Befugnisse und die Erfüllung
der staatlichen Aufgaben Sache der Länder (Art. 30 GG). Die Erfahrungen eini-

---

[82] Vgl. *Demmke, C./Haibach, G.,* Komitologieausschüsse, 1997, S. 715 f.
[83] *Wessels, W.,* Beamtengremien, 2003, in: *Jachtenfuchs, M./Kohler-Koch, B.* (Hrsg.), Integration, 2003, S. 372.
[84] *Streinz, R.,* Europarecht, 2001, S. 132.
[85] *Kommission der Europäischen Gemeinschaften,* Jahresbericht 2004, S. 11 f.

ger solcher Ländervertreter bei ihrer Ausschussarbeit bilden die Grundlage für die nachfolgenden Ausführungen.[86]

Die Sitzungshäufigkeit der Komitologieausschüsse im Bereich der Landwirtschaft bestimmt sich nach dem anstehenden Arbeitsprogramm oder der Dringlichkeit. So treten manche Ausschüsse gar nicht oder nur sehr selten im Jahr zusammen, andere wiederum aller zwei Wochen. Welchem Verfahren die einzelnen Ausschüsse folgen, war nicht immer bekannt. Insoweit könnte die Feststellung von *Wessels, W.* zutreffend sein.

Die Stellung der Kommission in den Beratungen wird insgesamt als stark wahrgenommen. Der von ihr vorgelegte Entwurf einer Durchführungsmaßnahme soll möglichst zügig und ohne Änderungen das Ausschussverfahren passieren. Hierzu gibt die Kommission ihren Vorschlag bereits vor einer Sitzung den Mitgliedstaaten zur Kenntnis. Dadurch sollen nationale Besonderheiten (soweit gerechtfertigt) frühzeitig berücksichtigt und nicht Gegenstand zäher Diskussionen in den Sitzungen werden. Sofern ein Maßnahmeentwurf gleichwohl kontrovers diskutiert wird, ist die Kommission um einen Kompromiss mit den Vertretern der Mitgliedstaaten bemüht. Zur Durchsetzung eigener Interessen bilden diese „Allianzen" (z. B. unter geografischen oder wirtschaftlichen Gesichtspunkten), besprechen sich am Rande der Sitzungen oder feilschen um scheinbar winzige Details. Hieran beteiligen sich seit Mai 2004 auch die Vertreter der größeren neuen Mitgliedstaaten, die als Agrarländer ihre nationalen Schutzinteressen geltend machen.

Der Verhandlungsstil wird insgesamt als konsensgeprägt eingeschätzt, was in einer Vielzahl positiver Ausschussstellungnahmen zum Ausdruck kommt. Die erweiterungsbedingt erhöhte Mitgliederzahl hat das Abstimmungsverhalten nicht berührt. In den letzten Jahren gab es zudem keine Ratsbefassungen. Die Hürde hierfür liegt jedoch hoch, denn der Maßnahmeentwurf der Kommission muss mit qualifizierter Mehrheit abgelehnt werden. Wird in der Praxis eine solche Mehrheit nur knapp verfehlt, so kann dies gleichwohl auf einen nicht konsensfähigen Entwurf hindeuten. Die Kommission könnte in Anbetracht dessen ihren Vorschlag modifizieren; dies tut sie in der Regel nicht, sondern erlässt die Durchführungsmaßnahme unmittelbar.

Zudem muss die Kommission in den meisten Fällen keine Einwände des Parlaments im Hinblick auf mögliche Kompetenzüberschreitungen befürchten. Das Parlament kann beim Erlass von Durchführungsbestimmungen, die sich auf die Verwaltung der Gemeinsamen Agrarmarktordnungen stützen, nicht von seinen

---

[86] Es wurden drei nationale Experten befragt, die in fünf Ausschüssen tätig sind; vgl. Interviewleitfaden im *Anhang VI*. Die Ausführungen geben deren (subjektiven) Eindruck wieder.

Beteiligungsrechten nach Art. 8 des Beschlusses 1999/468/EG Gebrauch machen, da diese Basisrechtsakte nicht im Mitentscheidungsverfahren nach Art. 251 EGV, sondern vom Rat nach Art. 37 EGV erlassen werden.

Wenngleich sich die Arbeit der Ausschüsse als konsensgeprägt darstellt, wird von Seiten der befragten Ländervertreter Optimierungsbedarf hinsichtlich des Verfahrensablaufs gesehen. So könnten sich durch verstärkte Nutzung elektronischer Medien (z. B. Videokonferenzen) oder Straffung der Tagesordnungen Sitzungszeiten verringern lassen. Der letztgenannte Punkt ist hierbei von besonderer Bedeutung, da die Tagesordnungen zugleich einen Einblick in das tatsächliche Aufgabenspektrum der Ausschüsse gewähren. Neben konkreten Maßnahmeentwürfen der Kommission werden auch übergreifende Themen erörtert, wie z. B. die aktuelle marktpolitische Lage. Solche Themen sind zwar von allgemeinem Interesse, die Informationen hierüber sind jedoch auch über Berichte oder das Internet zugänglich und bedürfen nicht immer einer gesonderten Beratung. Bisweilen werden den Ausschüssen auch legislative Vorschläge für Basisrechtsakte vorgelegt, in denen der Rat selbst technische Detailfragen regeln und die Durchführung nicht der Kommission übertragen möchte. Zur ergänzenden Information sind im *Anhang III* die Beratungsgegenstände und Abstimmungsvoten eines ausgewählten Ausschusses im Jahr 2005 dargestellt.

Die Notwendigkeit der Straffung von Beratungsverläufen wird auch vor dem Hintergrund erweiterungsbedingter Verzögerungen in den Verhandlungen gesehen. Die in den Ausschüssen beratenen Vorlagen müssen in alle Sprachen übersetzt werden, was sich auf Grund des sehr spezifischen Vokabulars zeitaufwändiger als bisher gestaltet. Zudem müssen in den Beratungen nunmehr 25 Wortmeldungen berücksichtigt werden. Wie wichtig jedoch kurze Verfahrensabläufe sind, zeigt die nachfolgende Fallstudie.

5.2.2 Fallstudie: Auswirkungen der Vogelgrippe auf Vermarktungsnormen

Die in den Komitologieausschüssen im Bereich der Landwirtschaft beratenen Vorlagen können bisweilen unmittelbare Auswirkung auf den Einzelnen haben. Dies ist dann der Fall, wenn Verbraucherschutzinteressen in besonderem Maße berührt sind, wie z. B. bei den Folgen von BSE in den 90er Jahren. Dass die damals erlassenen rechtsverbindlichen Entscheidungen zur Verhinderung einer Verbreitung der Seuche (Zwangsschlachtungen, Exportverbot) zuvor im Rahmen der Komitologie behandelt wurden, dürfte vermutlich nur den wenigsten bekannt sein.[87]

---

[87] Vgl. weitergehende Ausführungen zu diesem Fall bei *Joerges, C./Falke, J.*, Ausschusswesen, 2000, S. 118 f.

In jüngster Vergangenheit lenkten Schlagzeilen wie „Hühner dürfen Freilandeier vorübergehend drinnen legen" und „Stallpflicht für Geflügel ausgeweitet" die Aufmerksamkeit des deutschen Verbrauchers auf sich.[88] Der Bundesgesetzgeber hatte mit einer Eilverordnung vom 19. Oktober 2005[89] eine bis 15. Dezember 2005 befristete bundesweite Stallpflicht für Geflügel angeordnet. Grundlage dieser Entscheidung war eine veränderte Risikolage in Europa, nachdem die Kommission das Bundesverbraucherministerium über den Ausbruch der Vogelgrippe in Russland in Kenntnis setzte.

Trotz Stallhaltung dürfte die Martinsgans am Heiligabend wahrscheinlich genauso gut geschmeckt haben wie die Jahre zuvor und auch bei den Eiern hat der Verbraucher keinen geschmacklichen Unterschied feststellen können. Gleichwohl hat die Eilverordnung des Bundes ein Komitologieverfahren ausgelöst, denn die Stallhaltung von Freilandhühnern wirkt sich grundsätzlich auf die Kennzeichnungspflicht der Eier aus. Diese ist EU-weit einheitlich geregelt; Rechtsgrundlagen hierfür sind

- die Verordnung (EWG) Nr. 2771/75 des Rates über die gemeinsame Marktorganisation für Eier[90] als Basisrechtsakt. Art. 17 Abs. 1 regelt die Einsetzung eines Verwaltungsausschusses für Geflügelfleisch und Eier.
- Verordnung (EWG) Nr. 1907/90 des Rates über bestimmte Vermarktungsnormen für Eier[91] als Durchführungsbestimmung des Rates. Art. 20 legt die Grundsätze und Regeln für weitere Durchführungsmaßnahmen im Rahmen der Komitologie fest.
- Verordnung (EG) Nr. 2295/2003 der Kommission mit Durchführungsbestimmungen zur Verordnung (EWG) Nr. 1907/90 des Rates über bestimmte Vermarktungsnormen für Eier.[92]

Anhang III Ziffer 1a) der Verordnung (EG) Nr. 2295/2003, die im Verwaltungsausschussverfahren behandelt wurde, legt die Mindestanforderungen an Geflügelhaltungsbetriebe wie folgt fest:

---

[88]   Z. B. Pressemitteilungen vom 19. Oktober 2005, http://morgenpost.berlin1.de/content/2005/10/19/politik/786688.html, und 21. Oktober 2005 http://www.wz-newsline.de/sro.php?redid=96742 (25. Oktober 2005).

[89]   Zweite Verordnung zur Änderung der Verordnung über Untersuchungen auf die Klassische Geflügelpest vom 19. Oktober 2005, BAnz. vom 21. Oktober 2005, S. 15401.

[90]   Verordnung vom 29. Oktober 1975 ABl. L 282 vom 1. November 1975, S. 49, zuletzt geändert durch Verordnung vom 14. April 2003, ABl. L 122 vom 16. Mai 2003, S. 1.

[91]   Verordnung vom 26. Juni 1990, ABl. L 173 vom 6. Juli 1990, S. 5, zuletzt geändert durch Verordnung vom 17. November 2003, ABl. L 305 vom 22. November 2003, S. 1.

[92]   Verordnung vom 23. Dezember 2003, ABl. L 340 vom 24. Dezember 2003, S. 16, zuletzt geändert durch Verordnung vom 26. August 2004, ABl. L 278 vom 27. August 2004, S. 7.

*„Eier aus Freilandhaltung müssen in Geflügelhaltungsbetrieben erzeugt werden,
... bei denen die Hennen – außer bei von den Veterinärbehörden verhängten **zeitweiligen** Beschränkungen – tagsüber uneingeschränkt Zugang zu einem Auslauf im Freien haben."*

Diese Mindestanforderungen dienen dem Schutz des Verbrauchers vor irreführenden Angaben und nicht gerechtfertigten, überhöhten Preisen. Eine Stallhaltung von Freilandhühnern führt grundsätzlich dazu, dass deren Eier nicht mehr als „Eier aus Freilandhaltung" gekennzeichnet und verkauft werden dürfen. Die Ausnahmeregelung bei veterinären Maßnahmen bedurfte nunmehr hinsichtlich des Begriffs „zeitweilig" einer Konkretisierung.

Die Thematik war Gegenstand mehrerer Tagesordnungen des Verwaltungsausschusses für Geflügelfleisch und Eier, zuletzt am 7. Dezember 2005. Zum Schutz der Verbraucher sollte der Zeitraum, für den die Ausnahmeregelung gilt, begrenzt werden. Einige Mitglieder sahen in einer zu langen Frist Bedenken hinsichtlich einer Verbrauchertäuschung, andere befürchteten bei einer zu kurzen Frist die Produktionsaufgabe einzelner Erzeuger. Letztlich sah der zur Stellungnahme vorgelegte Vorschlag der Kommission eine Änderung von Anhang III Ziffer 1a) der Verordnung (EG) Nr. 2295/2003 dahingehend vor, dass von den Anforderungen nicht länger als 12 Wochen abgewichen werden dürfe. Der Ausschuss stimmte diesem Vorschlag mit 238 Ja-Stimmen : 42 Nein-Stimmen : 41 Enthaltungen zu.[93] Die Kommission hat die Maßnahme daraufhin erlassen.[94]

Der vorliegende Fall zeigt, dass sich die Rahmenbedingungen, unter denen Durchführungsmaßnahmen ergehen, rasch ändern können – sei es durch außergewöhnliche Ereignisse oder durch den technischen Fortschritt. Die Kommission hat zeitnah reagiert und unter Beteiligung des Verwaltungsausschusses die erforderliche Anpassung der Verordnung (EG) Nr. 2295/2003 mit der gebotenen Schnelligkeit umgesetzt.

5.3 Schlussfolgerungen

Der Verwaltungsausschuss für Geflügelfleisch und Eier ist einer von 248 Komitologieausschüssen, die derzeit die Kommission bei der Ausübung ihrer Durchführungsbefugnisse unterstützen und kontrollieren. Ihre Anzahl ist in den letzten Jahren auf hohem Niveau konstant geblieben. Zwischen Ausschussstärke und er-

---

[93] Vgl. Kurznicderschrift der Sitzung, http://europa.eu.int/comm/secretariat_general/regcomito/registre.cfm?CL=de (27. Dezember 2005)
[94] Die Veröffentlichung im ABl. L stand bei Bearbeitungsende noch aus.

reichtem Integrationsstand eines Politikbereiches ließ sich ein Zusammenhang feststellen. Mit rund 3.000 Ausschussstellungnahmen pro Jahr und fast eben so vielen beschlossenen Durchführungsbestimmungen der Kommission ist die Produktivität hoch. Diese quantitativen Merkmale lassen allerdings noch keine Schlussfolgerung im Hinblick auf die Notwendigkeit der Komitologie zu.

Nicht jede Durchführungsmaßnahme schafft neues Recht durch den Erlass einer Verordnung. Oftmals werden auf Grund geänderter Rahmenbedingungen bereits bestehende Durchführungsverordnungen angepasst. Hierbei ist insbesondere die Expertise der für die Implementierung in den Mitgliedstaaten verantwortlichen nationalen Beamten wichtig. Wie stark die Kommission auf dieses Fachwissen zurückgreift, hat die Untersuchung der Komitologie im Bereich der Landwirtschaft gezeigt. Danach beschränkt sich der Aufgabenbereich der Ausschüsse nicht mehr ausschließlich auf die Abgabe von Stellungnahmen zu konkreten Maßnahmeentwürfen, sondern kann beispielsweise auch die Erörterung tagespolitischer Themen umfassen. Als nicht ganz unproblematisch wird hier die Befassung mit Entwürfen von Basisrechtsakten gesehen, in denen technische Detailfragen selbst geregelt werden sollen und somit eine Übertragung von Durchführungsbefugnissen auf die Kommission nicht vorgesehen ist. Eine solche Ausschussbeteiligung ist im Hinblick auf das Rechtsetzungsverfahren und die festgelegten Kompetenzen der Institutionen fragwürdig.

Des Weiteren konnte auch ein Zusammenhang der gewählten Verfahrensart und dem bereits erreichten Integrationsstand eines Politikbereiches hergestellt werden. So sind derzeit 40 % aller Ausschüsse nach dem Regelungsverfahren tätig. Hierdurch kann sich der Rat die Möglichkeit eines Rekurses und damit eines eigenen Beschlusses offen halten. Eine Ratsbefassung erfolgt allerdings in weniger als 1 % aller Ausschussstellungnahmen, was auf die konsensgeprägte Arbeitsweise, mehrheitsfähige Vorlagen der Kommission aber auch auf den Abstimmungsmodus zurückzuführen ist.

Die Kritik der Kommission im Hinblick auf die zeitaufwändigen Beratungsverläufe scheint nicht ganz unbegründet. Neben erweiterungsbedingten Verzögerungen ist in den letzten Jahren auch die durchschnittliche Anzahl Stellungnahmen je Sitzung zurückgegangen. Hierfür wurden zunächst immer komplexer werdende Beratungsgegenstände als ursächlich gesehen. Gleichwohl könnte hierzu aber auch die Praxis der Kommission selbst beigetragen haben, die Ausschüsse als Forum für einen Meinungsaustausch einzuberufen und nicht nur mit konkreten Maßnahmeentwürfen zu befassen.

In Anbetracht dessen müssen Transparenz und Straffung der Verfahren einer größeren Bedeutung beigemessen werden. Das Parlament hat diese Forderung zwar wiederholt vorgetragen, ist jedoch seit einigen Jahren vorrangig um die Stärkung seiner eigenen Beteiligungsrechte in der Komitologie bemüht. Die Untersuchung hat gezeigt, dass sich das bisherige Überwachungsrecht in der Praxis als unzureichend erweist, weshalb von hier insoweit Handlungsbedarf gesehen wird. Eine künftig wirksame parlamentarische Kontrolle darf jedoch nicht zu (weiteren) Verzögerungen von Verfahren führen.

6   Komitologie im europäischen Integrationsprozess

In den bisherigen Untersuchungen konnte bereits an einigen Stellen ein Zusammenhang zwischen dem europäischen Integrationsprozess und der Komitologie hergestellt werden. Dieser Zusammenhang wird nunmehr vertieft. Zunächst werden mögliche Auswirkungen und Herausforderungen einer weiter fortschreitenden Integration auf bzw. an das Ausschusssystem aufgezeigt. Im Folgenden werden vorhandene Reformansätze vorgestellt und dahingehend untersucht, ob sie diesen Herausforderungen gerecht werden können. Ob und inwieweit sich die derzeitige Denkpause der EU auf die Umsetzung der Reformansätze auswirkt, wird Gegenstand einer kurzen Analyse sein, mit der das Kapitel abschließt.

In der Wissenschaft hat der Zusammenhang zwischen dem europäischem Integrationsprozess und der Komitologie bislang kaum Beachtung gefunden. Von „bürokratischen Integrationsprozessen" schrieb *Bach, M.*[95], dessen Untersuchungen nunmehr 14 Jahre zurückliegen. Der neueren integrationsbedingten Entwicklung von (allgemeinen) „EU-Beamtengremien" widmet sich *Wessels, W.*[96] Mit Hilfe von Feld-Theorien stellt er dar, dass im Falle einer supranationalen Bürokratie eine wachsende Ausstattung der EU-Administration zu erwarten sei, in der nur noch EU-Beamte an den Entscheidungen mitwirken. Bei einer künftig intergouvernementalen Steuerung würden nationale Regierungen in Gremien die Geschicke der EU lenken. Zwischen diesen zwei Richtungen nimmt Wessels, W. weitere Abstufungen vor.

6.1   Herausforderungen durch Vertiefung und Erweiterung

Der europäische Integrationsprozess wird durch zwei Faktoren bestimmt: Einerseits Inhalt und Form der Zusammenarbeit (Vertiefung) und andererseits die Partner (Erweiterung).[97]

Nach der letzten Erweiterungsrunde ist die EU am 1. Mai 2004 auf 25 Mitgliedstaaten angewachsen. Bulgarien und Rumänien werden im Januar 2007 beitreten; mit weiteren Ländern werden Beitrittsverhandlungen geführt.[98] Die EU der 27+x wird jedoch vor anderen Herausforderungen stehen als die Gemeinschaft der Römischen Verträge, als die EG der 12, die EU der 15. Mit der größten Erweiterung seit ihrer

---

[95]   Vgl. *Bach, M.*, Revolution, 1992, S. 16.

[96]   Vgl. *Wessels, W.*, Beamtengremien, 2003, in: *Jachtenfuchs, M./Kohler-Koch, B.* (Hrsg.), Integration, 2003, S. 357.

[97]   Vgl. *Schwarzer, D./Lindstädt, R.*, Annäherung, 2003, S. 33.

[98]   Die Beitrittsverhandlungen mit der Türkei und Kroatien haben im Oktober 2005 begonnen; der ehemaligen jugoslawischen Teilrepublik Mazedonien wurde auf der Regierungskonferenz am 15./16. Dezember 2005 der Status eines Beitrittskandidaten eingeräumt.

Gründung muss die Union ihre Institutionen, ihre Entscheidungsmechanismen entsprechend anpassen, um handlungsfähig zu bleiben und ihr Handeln demokratisch überzeugend legitimieren zu können.

Auch die Komitologie kann sich diesem Anpassungsprozess nicht entziehen, denn erweiterungsbedingt stieg und steigt die Anzahl der Mitglieder in den Ausschüssen. Waren bei den Beratungen zu einem Maßnahmeentwurf bis zum Jahre 2004 „nur" 15 Wortmeldungen zu berücksichtigen, so könnte sich diese Zahl in Zukunft verdoppeln. Die Kommission hat bereits die erweiterungsbedingte Vielzahl der in den Ausschüssen vertretenen Delegationen für den sprunghaften Anstieg an Ratsbefassungen im Jahr 2004 ursächlich gesehen, da nunmehr qualifizierte Mehrheiten für befürwortende Stellungnahmen schwerer zu erreichen seien.[99] Dies konnte hier zwar nicht belegt bzw. bestätigt werden, gleichwohl waren Verzögerungen in den Beratungsverläufen festzustellen.

Schließlich dürften sich die Erweiterungen auch kostenmäßig auf die Budgets der Ausschüsse auswirken. Da aus dem Haushalt der EU die Reisekosten für einen Vertreter je Mitgliedstaat erstattet werden und darüber hinaus – wie bereits festgestellt – die Sitzungshäufigkeit in den letzten Jahren zugenommen hat, ist mit einem Anstieg der Kosten für das Ausschusswesen zu rechnen. Fraglich ist insoweit aber auch, ob der Reiseaufwand für die in Brüssel stattfindenden Ausschusssitzungen insbesondere von kleineren Mitgliedstaaten überhaupt geleistet werden kann.

Der erweiterungsbedingte Integrationsprozess wirkt sich somit in erster Linie auf die Zusammensetzung der Ausschüsse und ihre Ablauforganisation aus. Demgegenüber stellt die Vertiefung der europäischen Integration die Komitologie jedoch vor wesentlich größere Herausforderungen.

Die Übertragung von nationalen Kompetenzen auf die Gemeinschaft in neuen Politikbereichen einerseits und die Ausweitung der Befugnisse der Gemeinschaft in bereits integrierten Politikbereichen andererseits führt zu einer verstärkten gemeinschaftlichen Rechtsetzung. Die Auswirkungen auf die Komitologie werden hierbei im Bereich Justiz und Inneres am deutlichsten. Durch Kooperationsfortschritte hinsichtlich einer gemeinsamen Flüchtlings- und Asylpolitik oder einer gemeinsamen Ausländer- und Visapolitik hat sich in diesem Politikbereich die Anzahl der Ausschüsse in den letzten fünf Jahren verfünffacht.[100]

Die mit der Vertiefung des Integrationsprozesses verbundene stärkere Gemeinschaftstätigkeit darf jedoch nicht zu einer unkontrollierten Ausweitung der

---

[99] *Kommission der Europäischen Gemeinschaften*, Jahresbericht 2004, S. 6.
[100] Vgl. Ausführungen im Abschnitt 5.1.1, S. 24.

Komitologie führen. Vielmehr müssen die Ausschüsse und ihre Verfahren einer umfassenden Organisations- und Aufgabenkritik unterzogen werden.

6.2   Reformansätze im 21. Jahrhundert

Die Kommission hat die integrationsbedingt erforderliche Anpassung der Komitologie bereits im Jahr 2001 in ihrem Weißbuch „Europäisches Regieren"[101] angekündigt. So würden die Ziele eines einfachen, schnellen Entscheidungsprozesses und einer klaren Verantwortlichkeitstrennung der Institutionen die Notwendigkeit insbesondere der Verwaltungs- und Regelungsausschüsse in Frage stellen. Die bestehenden Ausschüsse müssten daher auf ihre Existenzberechtigung hin überprüft werden. Dabei sei zu berücksichtigen, dass für die Umsetzung der EU-Politik Expertenrat gebraucht werde. Da hierdurch die heikle Frage nach dem Kräftegleichgewicht zwischen den Institutionen berührt sei, sah die Kommission auch die Notwendigkeit einer Änderung von Art. 202 EGV.

Die Kommission beließ es nicht bei ihren Absichtserklärungen zur Reform der Komitologie, sondern legte im Jahr 2002 einen Vorschlag für einen Beschluss des Rates zur Änderung des Beschlusses 1999/468/EG vor.[102]

6.2.1 Vorschlag zur Änderung des Komitologiebeschlusses von 1999

In der Begründung ihres Vorschlags nimmt die Kommission Bezug auf die Entwicklung des Gemeinschaftsrechts, die zunehmend ergänzende Vorschriften zu Rechtsakten erfordere, deren Grundzüge und technische Einzelheiten auf der Basis angemessener Analysen und Gutachten und innerhalb eines vernünftigen Zeitrahmens festgelegt werden müssen. Die im Beschluss 1999/468/EG festgelegten Modalitäten ließen jedoch keine Anpassung an diese Entwicklung zu. Ferner erweise sich das Beteiligungsrecht des Parlaments in Art. 8 des Beschlusses als unzureichend. Die Kommission weist zudem darauf hin, dass es durch das Kontrollrecht des Rates zu einer Überschneidung von Exekutiv- und Legislativbefugnissen oder aber zu einem Stillstand des Entscheidungsprozesses kommen kann. Ziel ihres Beschlussvorschlags sei deshalb die Verbesserung der Effektivität dieses Prozesses mittels klarer Zuständigkeiten und Verfahren. Ihren eigenen Anspruch formuliert sie darin, die Durchführungsbefugnisse eigenständig ausüben zu können und daher nicht an den Standpunkt des Gesetzgebers gebunden zu sein.

---

[101] *Kommission der Europäischen Gemeinschaften*, Weißbuch vom 25. Juli 2001, KOM (2001) 428 endgültig, 40 f.

[102] *Kommission der Europäischen Gemeinschaften*, Vorschlag vom 11. Dezember 2002, KOM (2002) 719 endgültig.

Das Parlament nahm im Jahr 2003 eine Entschließung an, in der es den Kommissionsvorschlag mit wenigen Änderungen billigte.[103] Die Kommission hat daraufhin im Jahr 2004 dem Rat einen geänderten Entwurf vorgelegt.[104]

Wesentlicher Inhalt des Entwurfs ist die Einführung einer **zweiten Form des Regelungsverfahrens**, das im Bereich des Mitentscheidungsverfahrens nach Art. 251 EGV zur Anwendung kommen soll. Bei diesem zweistufigen Verfahren soll in einer sogenannten Exekutivphase die Kommission zunächst dem Ausschuss ihren Entwurf – wie bisher auch – zur Stellungnahme zuleiten. Im Falle eines ablehnenden oder fehlenden Ausschussvotums soll sie den vorgelegten Entwurf überarbeiten und dem Ausschuss erneut vorlegen. Auf der Grundlage dieser nochmaligen Äußerung (nicht Stellungnahme!) soll die Kommission einen endgültigen Entwurf erstellen und diesen in einer sogenannten Kontrollphase Rat und Parlament übermitteln. Wenn innerhalb eines Monats nach Übermittlung von keinem der beiden Institutionen Einwände erhoben werden, erlässt die Kommission die Maßnahme. Bei Einwänden des Rates und/oder Parlaments gegen den Entwurf soll die Kommission nunmehr vier Handlungsoptionen haben:

- Annahme und Erlass des Entwurfs,
- Änderung und Erlass des Entwurfs,
- Rücknahme des Entwurfs,
- Einleitung eines Rechtsetzungsverfahrens durch Vorlage eines Legislativvorschlages.

Die Kommission soll Rat und Parlament über die geplante Maßnahme und die Gründe hierfür unterrichten. Der Ablauf des neuen Verfahrens ist im *Anhang IV* schematisch dargestellt. Es soll der Kommission ermöglichen, voll und ganz die Verantwortung für die Annahme von Durchführungsmaßnahmen zu übernehmen. Ihr Spielraum soll zudem bei Eilfällen noch weiter reichen; hier kann sie zunächst die Durchführungsmaßnahme erlassen und anwenden, nachdem der Regelungsausschuss dazu Stellung genommen hat. Bei späteren Einwänden von Rat und/oder Parlament soll die Rücknahme der Maßnahme keine Option sein.

Der Kommissionsvorschlag sieht ferner vor, dass bei den sonstigen Basisrechtsakten nach Art. 251 EGV, in denen sich die Ausübung von Durchführungsbefugnissen in Verfahrensregelungen oder Einzelfallentscheidungen erschöpft, künftig das Beratungsverfahren die Regel wird. Das Verwaltungsverfahren entfiele somit bei Rechtsakten, die nach dem Mitentscheidungsverfahren angenommen werden.

---

[103] *Europäisches Parlament*, Corbett-Bericht 2003, Entschließung vom 2. September 2003.
[104] *Kommission der Europäischen Gemeinschaften*, geänderter Vorschlag vom 22. April 2004, KOM (2004) 324 endgültig.

Eine Zusammenfassung der Komitologie nach dem Vorschlag der Kommission ist nachfolgend tabellarisch dargestellt. Änderungen gegenüber dem derzeit geltenden Beschluss 1999/468/EG sind *kursiv* gekennzeichnet.

	Beratungs-verfahren	Verwaltungs-verfahren	Regelungs-verfahren (Art. 5)	Regelungs-verfahren (Art. 5a)
Anwendungs-bereich	*Basisrechtsakte nach Art. 251 EGV,* sonstige Basisrechtsakte	sonstige Basisrechts-akte	sonstige Basisrechts-akte	*Basisrechtsakte nach Art. 251 EGV*
Kriterium	*bei individueller Geltung, Verfah-rensmodalitäten des Vollzugs,* wenn es das zweckmäßigste Verfahren ist	Verwaltungs-maßnahmen oder Maß-nahmen zur Durchführung von Pro-grammen mit erheblichen Auswirkungen auf den Haus-halt	Maßnahmen von allgemei-ner Tragweite	*Maßnahmen von allgemeiner Gel-tung, Konkretisie-rung wesentlicher Bestimmungen des Basisrechts-aktes, Anpassung ande-rer Bestimmun-gen des Basis-rechtsaktes*
Befassung Ausschuss	1 Mal	1 Mal	1 Mal	*bis zu 2 Mal*
Rat Beteiligung/Rekurs	--	Rekurs	Rekurs	*Beteiligung*
Parlament Beteiligung/Rekurs	--	--	--	*Beteiligung*
Kommission Bindung an: Ausschuss-stellungnahme	Nein	bei ablehnen-der Stellung-nahme Rats-befassung	bei ableh-nender oder fehlender Stellungnahme Ratsbefassung	*Ja, bei erstmali-ger Ausschussbe-fassung*
Einwände Rat/Parlament	--			*Nein*

Tabelle 6: Komitologie nach dem Vorschlag der Kommission KOM (2004) 324

Der Vorschlag der Kommission zur Änderung des Komitologiebeschlusses in seiner derzeitigen Fassung berücksichtigt hiesigen Erachtens nicht die geänderten Rahmenbedingungen durch den fortschreitenden Integrationsprozess. Als wesentliche Kritikpunkte werden hier gesehen:

• **Keine Vereinfachung der Verfahren.**
Durch die Einführung des neuen Regelungsverfahrens würde sich die Anzahl der Verfahren von bislang drei auf nunmehr vier erhöhen. Zwar erscheint die

Unterscheidung der anzuwendenden Verfahren nach der Art des Rechtsetzungsverfahrens bei Erlass des Basisrechtsaktes im Hinblick auf die Beteiligungsrechte des Parlaments grundsätzlich nachvollziehbar. Gleichwohl könnte ein Ne-
beneinander der ohnehin komplexen und langwierigen Regelungsverfahren zur
Verkomplizierung und Schwerfälligkeit der Komitologie führen.

Die vorgesehene nochmalige Konsultation des Ausschusses bei ablehnendem bzw.
fehlendem Votum dürfte aus Sicht des Rates zu begrüßen sein. Die Kommission
hat jedoch bereits jetzt schon die Möglichkeit, den Ausschuss so oft zu konsultieren
und so lange über einen Maßnahmeentwurf zu beraten, bis dieser im Konsens von
der erforderlichen Mehrheit der Mitglieder mitgetragen wird.

- **Keine Entlastung des Rates.**
Die Komitologie wurde seinerzeit eingeführt, um den Rat zu entlasten.[105] Das neue
Regelungsverfahren sieht nunmehr auch bei einem zustimmenden Ausschussvo-
tum die Übermittlung des Entwurfs der Durchführungsmaßnahme an den Rat vor.
Es wäre zwar in der Praxis zu erwarten, dass sich der Rat in diesen Fällen dem
Standpunkt des Ausschusses anschließt. Gleichwohl müsste er sich aber zunächst
mit dem Entwurf inhaltlich auseinandersetzen.

- **Keine stärkere parlamentarische Kontrolle.**
Bei Durchführungsmaßnahmen, die dem neuen Regelungsverfahren folgen, soll
das Parlament künftig dem Rat gleichgestellt werden – allerdings auf niedrigem
Niveau. Eine Stärkung seiner Beteiligungsrechte wäre damit jedoch nicht verbunden, da es lediglich die Möglichkeit erhalten soll, zu einem vorgelegten Maßnah-
menentwurf inhaltliche Einwände zu erheben. Die Kommission kann in diesem
Fall gleichwohl ihren Entwurf annehmen. Eine Rekurskompetenz des Parlaments
soll, wie auch beim Rat, hier nicht bestehen. Zudem soll Art. 8 des Beschlusses
1999/468/EG in der Konsequenz der neuen Unterscheidung der Verfahren gestri-
chen werden. Darüber hinaus lässt der Kommissionsvorschlag eine Auseinandersetzung mit der Frage vermissen, warum sich die bisherigen Beteiligungsrechte des
Parlaments in der Praxis als unzureichend erwiesen haben.

Zusammenfassend lässt sich feststellen, dass die vorgesehene Änderung des Beschlusses 1999/468/EG die Komitologie keiner Organisations- und Aufgabenkritik
unterzieht. Die von der Kommission im Weißbuch „Europäisches Regieren" an-
gekündigte Infragestellung der Verwaltungs- und Regelungsausschüsse ist nicht
erfolgt. Die Einführung des neuen Regelungsverfahrens dürfte hier der Schritt in
die entgegengesetzte Richtung sein.

---

[105] Vgl. Ausführungen im Kapitel 2, S. 4.

Die vorgeschlagenen Änderungen in der Komitologie würden die Machtbalance der drei Institutionen dahingehend beeinflussen, die Exekutivfunktion des Rates bei (nahezu) unveränderter Rolle des Parlaments zu Gunsten der Kommission zu verringern. Die Gewaltenverschränkung zwischen Rat und Kommission würde somit weitestgehend entfallen. Nach alledem kann die Vorlage der Kommission insbesondere als Instrument gesehen werden, durch bzw. mit Hilfe der Komitologie ihre Stellung im institutionellen Gefüge der EU zu stärken.

In diesem Zusammenhang ist auch die bereits zitierte Mitteilung der Kommission vom Oktober 2005 zur Vereinfachung des ordnungspolitischen Umfelds[106] zu sehen, in der sie den Ersatz von Richtlinien durch Verordnungen fordert, da Letztere die unmittelbare (gemeinschaftsweite) Anwendung ermöglichen. Von EU-Recht abweichende nationale Umsetzungsmaßnahmen würden somit verhindert werden. Das Ersetzen von Richtlinien durch Verordnungen würde nicht nur zu einer Ausweitung der exekutiven Tätigkeit der Kommission führen, da diese für die Erarbeitung und den Erlass der dann gemeinschaftsweit geltenden Durchführungsmaßnahmen zuständig wäre, sondern vielmehr auch eine verstärkte Ausschusstätigkeit erfordern.

Letztlich entscheidet der Rat (einstimmig) über eine Änderung seines Beschlusses 1999/468/EG. Er wird hierbei gegenüber dem Parlament Zugeständnisse machen müssen, da dieses sonst im Legislativverfahren bei Erlass der Basisrechtsakte weiterhin seine „Muskeln spielen" lassen wird, um eine weit reichende Delegation von Durchführungsbefugnissen und die Einsetzung von Ausschüssen im Einzelfall zu verhindern.

6.2.2 Rolle der Komitologie nach dem Vertrag über eine Verfassung für Europa

Die von der Kommission vorgeschlagenen Änderungen in der Komitologie sollten übergangsweise bis zum In-Kraft-Treten einer Verfassung für Europa gelten. Die Ausarbeitung einer solchen hatte der Europäische Rat im Dezember 2001 mit der „Erklärung von Laeken zur Zukunft der Europäischen Union"[107] durch Einberufung eines Konvents zur Zukunft Europas beschlossen. Der Konvent, der sich aus Vertretern der Regierungen, der Kommission sowie des Europäischen Parlaments und der nationalen Parlamente zusammensetzte, sollte hierbei insbesondere den Grundstein legen für

---

[106] Vgl. Fn. 36, S. 17.

[107] Text der Erklärung unter http://www.auswaertiges-amt.de/www/de/infoservice/download/pdf/eu/ schlussf_laeken.pdf (10. Dezember 2005).

* eine nach innen und außen handlungsfähige Union, auch mit 25 und mehr Mitgliedstaaten,
* mehr Demokratie und Transparenz,
* eine Übernahme der Grundrechtecharta als rechtlich bindende Werteordnung sowie
* eine klarere Abgrenzung von Zuständigkeiten im Sinne der horizontalen und vertikalen Gewaltenteilung.

Der letztgenannte Arbeitsauftrag umfasste hierbei auch die künftige Rolle der Komitologie bei der Durchführung von Gemeinschaftspolitiken und im institutionellen Gefüge der EU.

Herr Prof. Dr. Peter Glotz, damaliger Beauftragter des Bundeskanzlers im Konvent zur Zukunft Europas, hat in einem Live-Chat am 25. April 2002 auf die Frage „Wird die Komitologie überleben?" geantwortet:

„Das wollen die Mitgliedstaaten natürlich. Man darf auch den Sachverstand nicht gering schätzen. Trotzdem könnte die Komitologie auf längere Sicht an Bedeutung verlieren oder verschwinden." [108]

Der Konvent legte am 10. Juli 2003 den Entwurf eines „Vertrags über eine Verfassung für Europa" vor, der nach Überarbeitung auf der anschließenden Regierungskonferenz am 29. Oktober 2004 von den Staats- und Regierungschefs in Rom feierlich unterzeichnet wurde.

Der Verfassungsvertrag sieht eine Ausweitung des Mitentscheidungsverfahrens sowie ein neues System der Rechtsakte der Union vor. Neben dem Europäischen Gesetz und dem Europäischen Rahmengesetz als Gesetzgebungsakte werden die Europäische Verordnung und der Europäische Beschluss als verbindliche Rechtsakte ohne Gesetzescharakter eingeführt (Art. I-33 bis I-39). Bei den derzeit in Art. 202 EGV festgelegten Durchführungsbefugnissen wird nunmehr zwischen delegierten Europäischen Verordnungen (Art. I-36) und Durchführungsrechtsakten (Art. I-37) unterschieden; die hierfür maßgeblichen Vertragsbestimmungen sind in *Anhang V* aufgeführt. Es sind folgende Verfahrensabläufe vorgesehen:

a) Verfahren nach Art. I-36 Verfassungsvertrag
Zuständig für den Erlass delegierter Europäischer Verordnungen ist die Kommission. Ihr kann insoweit durch den Basisrechtsakt – Europäisches Gesetz oder Rahmenge-

---

[108] http://www.auswaertiges-amt.de/www/de/eu_politik/vertiefung/chat_index_html_25.04.02
(2. Dezember 2005).

setz – die Befugnis übertragen werden, bestimmte nicht wesentliche Vorschriften des betreffenden Gesetzes zu ergänzen oder zu ändern. Der Basisrechtsakt legt wiederum Ziele, Inhalt, Geltungsbereich und Dauer der Befugnisübertragung ausdrücklich fest.

Die Kommission wird bei der Ausübung ihrer Durchführungsbefugnisse zwar nicht von einem (Komitologie-)Ausschuss unterstützt, gleichwohl aber von Rat und Parlament kontrolliert. Diese können die Befugnisübertragung widerrufen und bzw. oder das In-Kraft-Treten der delegierten Europäischen Verordnung durch die Erhebung von Einwänden innerhalb einer im Basisrechtsakt festgelegten Frist verhindern. Bei letztgenannter Handlungsoption spricht man auch von einer sogenannten „sun-set-clause".

Der Anwendungsbereich von Art. I-36 VVE ist am ehesten mit dem Regelungsverfahren zu vergleichen, welches bislang für Durchführungsmaßnahmen mit legislativem Charakter genutzt wird. Nach Auffassung von *Fischer, K. H.*[109] ist die Einschränkung der Delegationsermächtigung auf nicht wesentliche Teile eines Rechtsaktes zu wenig konkret gefasst worden. Um eine derartige Rechtsunsicherheit zu vermeiden und die Bestimmungen des Art. I-36 VVE zu erfüllen, müssten die Gesetzgebungsakte demnach selbst konkret festlegen, welche ihre Teile von einer Delegationsermächtigung umfasst sind. Dies ist jedoch auch jetzt schon der Fall; Beispiele hierfür sind die in Abschnitt 5.2.2 aufgeführten Verordnungen des Rates zur Durchführung der gemeinsamen Marktorganisation für Eier, die explizit den Umfang der Delegation definieren.

Beim Erlass delegierter Europäischer Verordnungen wird die Komitologie keine Rolle mehr spielen. Vielmehr wird auf die in den Ausschüssen vorhandene Expertise der nationalen Experten, auf die die Kommission bislang zurückgreifen kann, verzichtet. Hierdurch könnte allerdings künftig ein Qualitätsverlust der Durchführungsmaßnahmen zu befürchten sein. So verwundert es auch nicht, dass die Kommission beabsichtigt, bei der Ausarbeitung ihrer Entwürfe für delegierte Europäische Verordnungen im Bereich der Finanzdienstleistungen nach ihrer üblichen Vorgehensweise weiterhin von den Mitgliedstaaten benannte Experten zu konsultieren.[110]

Die Kommission erfährt durch Art. I-36 VVE keine Aufwertung ihrer Stellung im institutionellen Gefüge, da die Übertragung von Durchführungsbefugnissen

---

[109] *Fischer, K. H.*, Verfassungsvertrag, 2005, S. 187.

[110] Die Regierungskonferenz hatte eine solche Erklärung (Nr. 8) der Kommission zuvor zur Kenntnis genommen, vgl. Schlussakte der Regierungskonferenz, S. 24, http://ue.eu.int/igcpdf/ de/04/cg00/cg00087-ad02re01.de 04.pdf (2. Dezember 2005). Die Erklärung bezieht sich auf die Lamfalussy-Vereinbarung, vgl. *Anhang I.*

nicht – anders als bei Art. 202 EGV – obligatorisch, sondern ins Ermessen der Gesetzgeber Rat und Parlament gestellt ist und unter strengen Voraussetzungen des Basisrechtsaktes erfolgt. Dem Rat geht demgegenüber durch den Verzicht auf die Komitologie sein „Frühwarnsystem" verloren; gleichwohl sichern ihm ein direktes Rückholrecht und die sun-set-clause umfangreiche Einflussmöglichkeiten auf die Durchführung von Gemeinschaftsrecht. Dies gilt auch für das Parlament, welches darüber hinaus eine Gleichstellung mit dem Rat und somit eine Aufwertung seiner Stellung im institutionellen Gefüge erfährt.

Die Regelung des Art. I-36 VVE dürfte nach alledem grundsätzlich geeignet sein, die Durchführungsrechtsetzung noch schneller zu gestalten und zur viel beschworenen Vereinfachung und Transparenz der Gemeinschaftstätigkeit beizutragen. Ob und inwieweit Rekursrecht und sun-set-clause in der Praxis von Rat und Parlament in Anspruch genommen werden, kann hier nicht abschließend beurteilt werden. Die Politiker beider Institutionen dürften aber weder Interesse noch Kapazität und Know-how haben, sich mit technischen Detailfragen intensiv auseinander zu setzen.

b) Verfahren nach Art. I-37 Verfassungsvertrag
Gemäß Art. I-37 Abs. 1 VVE obliegt der Vorrang zum Ergreifen aller zur Durchführung von verbindlichen Rechtsakten der Union erforderlichen Maßnahmen den Mitgliedstaaten. Hierbei handelt es sich keineswegs um eine Neuerung, denn dieser Grundsatz ist bislang in Art. 10 EGV festgeschrieben. Nach Art. I-37 Abs. 2 VVE dürfen deshalb der Kommission, oder in Sonderfällen dem Rat, Durchführungsbefugnisse nur dann übertragen werden, wenn es einheitlicher Bedingungen für die Durchführung der verbindlichen Rechtsakte bedarf. In diesem Fall ergehen die Durchführungsrechtsakte der Union in Form von Europäischen Durchführungsverordnungen oder Europäischen Durchführungsbeschlüssen.

Werden der Kommission durch einen Basisrechtsakt Durchführungsbefugnisse übertragen, so kontrollieren die Mitgliedstaaten die Wahrnehmung dieser Befugnisse. Die Modalitäten hierfür werden durch Europäisches Gesetz im Voraus festgelegt.

Das Verfahren nach Art. I-37 VVE entspricht im Wesentlichen den Regelungen des Komitologiebeschlusses; insoweit erfolgt hier erstmals nach über 40-jähriger Praxis eine (wenn auch nicht wörtliche) Erwähnung der Komitologie im Primärrecht. Es erscheint hierbei folgerichtig, dass die Kommission in dem Maße, wie sie eine grundsätzlich den Mitgliedstaaten übertragene Befugnis ausübt, auch in ihrer Arbeit von eben diesen Mitgliedstaaten kontrolliert wird. Besondere Bedeutung kommt diesem Verfahren auch vor dem Hintergrund zu, dass Art. I-37 Abs. 2 VVE lediglich das Bedürfnis, nicht aber die Erforderlichkeit für eine europaweit geltende Durchführungsmaßnahme voraussetzt. Denn ein solches Bedürfnis dürfte verhältnismäßig leicht zu begründen sein und könnte somit zu einer (unkontrollierten) Ausweitung der Gemeinschaftsrechtsetzung zu Lasten der Mitgliedstaaten führen.[111]

Eine wesentliche Neuerung stellt die Festlegung der Modalitäten durch ein im ordentlichen Gesetzgebungsverfahren von Rat und Parlament gemeinsam zu erlassendes Europäisches Gesetz dar. Eine einseitige Festlegung durch den Rat ist somit nicht mehr möglich; insoweit erfolgt auch hier eine Gleichstellung beider Institutionen. Die gemeinsame Festlegung von Regeln und Grundsätzen dürfte geeignet sein, die teilweise das Rechtsetzungsverfahren lähmenden Streitigkeiten über die Delegation von Durchführungsbefugnissen weitestgehend zu vermeiden. Unklar bleibt jedoch, ob und inwieweit Rat und Parlament durch das Gesetz überhaupt eigene Kontrollbefugnisse, z. B. ein Rekursrecht, bestimmen können. Denn die Kontrolle der Arbeit der Kommission durch Rat und Parlament ist gemäß dem Wortlaut des Art. I-37 VVE nicht vorgesehen, sie soll vielmehr „durch die Mitgliedstaaten" ausgeübt werden.

Zusammenfassend lässt sich feststellen, dass die Regelungen des Verfassungsvertrags die Rolle der Komitologie im gemeinschaftlichen Rechtsetzungsprozess und im institutionellen Gefüge neu definieren. Durch die Trennung in delegierte Europäische Verordnungen und Durchführungsrechtsakte werden die Ausschüsse aus Vertretern der Mitgliedstaaten künftig zwar nicht mehr an allen Durchführungsmaßnahmen beteiligt sein, gleichwohl wird die Notwendigkeit der Komitologie nicht in Frage gestellt. Der entscheidende Erfolg dieser Regelung wird allerdings in der klaren Aufgabenzuweisung der Institutionen Rat, Parlament und Kommission bei der Durchführungsrechtsetzung gesehen, durch welche die Komitologie nicht mehr länger das institutionelle Gefüge der EU beeinflussen wird.

6.3   Auswirkungen der „Denkpause" im Ratifizierungsprozess

Der Verfassungsvertrag sollte ursprünglich am 1. November 2006 in Kraft treten, nachdem ihn zuvor alle 25 Mitgliedstaaten, teils durch eine Volksabstimmung, ratifiziert haben. Dieser Prozess hat jedoch durch die negativen Referenden in den Niederlanden und in Frankreich einen schweren Dämpfer erhalten. Ob der Verfassungsvertrag deshalb in der vorliegenden Form in Kraft treten kann, ist fraglich. Auf dem EU-Gipfel im Juni 2005 beschlossen die Staats- und Regierungschefs zunächst eine einjährige „Zeit der Reflexion"[112], umgangssprachlich auch als „Denkpause" bezeichnet. Sie wollen danach im ersten Halbjahr 2006 zusammenkommen, um den weiteren Fortgang des Ratifizierungsprozesses zu vereinbaren.

---

[111] So auch *Gerken, L./Schick, G.,* Reformbedarf, 2003, S. 12.
[112] Wortlaut der Erklärung unter: http://europa.eu.int/rapid/pressReleasesAction.do?reference=DOC/
05/3&format=HTML&aged=0&language=de&guiLanguage=en (15. Dezember 2005).

Die Kommission hat daraufhin im Oktober 2005 einen „Plan D" für Demokratie, Dialog und Diskussion vorgeschlagen[113]; nicht als Rettungsmaßnahme für die Verfassung, sondern um eine umfassendere Diskussion zwischen den demokratischen Organen der EU und ihren Bürgern anzuregen. In dessen Ergebnis sollen die Bürger wieder aktiv am Entscheidungsverfahren teilnehmen und Teilhaber des europäischen Einigungswerkes werden können. Die Debatte hierüber wird auch in den nächsten Monaten anhalten, möglicherweise sogar den Zeitraum der Denkpause überschreiten und dadurch eine sehr viel grundsätzlichere und intensivere Reflexion über die fundamentalen Ziele und Werte des europäischen Integrationsprozesses mit sich bringen. Im institutionellen Ausschuss des Europäischen Parlaments geht man schon davon aus, dass mit einem In-Kraft-Treten der Verfassung nicht vor dem Jahr 2009 zu rechnen sei.[114]

Die Wissenschaft hat bereits im Vorfeld mögliche Auswege aus einem Ratifikationsdilemma aufgezeigt und eine Option in der sogenannten „weichen Konstitutionalisierung" gesehen, wonach kurzfristig einzelne ausgewählte Reformschritte ohne Vertragsänderung umgesetzt werden. Dies gilt insbesondere für eine Reorganisation der internen Arbeitsmethoden der Organe und Grundstrukturen ihres institutionellen Zusammenspiels.[115]

In Bezug auf die Komitologie würde weiche Konstitutionalisierung bedeuten: Maßstab ist die Regelung des Verfassungsvertrags, der das Ausschusswesen nicht abschafft, dafür aber in seinen wesentlichen Grundzügen ändert, indem er die Rahmenbedingungen und Grundlagen der Durchführungsrechtsetzung ändert und die Kompetenzverteilung der drei Institutionen neu definiert. Grenze einer Neuordnung ist hierbei die bestehende Regelung des Art. 202 dritter Spiegelstrich EGV. Innerhalb dieses Rahmens wäre eine Reform bzw. Weiterentwicklung der Komitologie durch Änderung des Beschlusses des Rates 1999/468/EG oder durch Abschluss institutioneller Vereinbarungen möglich.

Ausgangspunkt könnte somit die Wiederaufnahme des Verfahrens zur Änderung des Komitologiebeschlusses sein, das mit Unterzeichnung des Verfassungsvertrags im Jahr 2004 eigentlich schon obsolet war. Eine umfassende Beurteilung, welche Bestandteile des Vertrags durch weiche Konstitutionalisierung auf den Komitologiebeschluss übertragen werden könnten, kann hier im Hinblick auf Zielsetzung

---

[113] *Kommission der Europäischen Gemeinschaften*, Mitteilung vom 13. Oktober 2005, KOM (2005) 494 endgültig, http://europa.eu.int/comm/commission_barroso/wallstrom/pdf/communication_ planD_de.pdf (15. Dezember 2005).

[114] Pressemitteilung vom 13. Oktober 2005, http://www.europarl.eu.int/news/expert/infopress_page/001-1281-286-10-41-901-20051010IPR01195-13-10-2005-2005--false/default_de.htm (17. Dezember 2005).

[115] Vgl. *Thym, D.*, Weiche Konstitutionalisierung, 2005, S. 307.

und Umfang der Masterarbeit nicht geleistet werden. Intention einer solchen Änderung sollte jedoch die klare Trennung der institutionellen Zuständigkeiten sowie die Erhöhung der Effizienz und Transparenz der Entscheidungsfindung sein. Die neuerlichen Äußerungen aus Presse und Parlament[116] lassen allerdings die Befürchtung aufkommen, dass keine grundlegende Reform der Komitologie in Angriff genommen werden soll, sondern vielmehr alte institutionelle Machtkämpfe um das Ausschusswesen und seine Verfahren erneut entbrennen werden. Inwieweit die österreichische Ratspräsidentschaft ihr Ziel erreichen wird, noch 2006 eine Einigung über die Reform der Ausschussverfahren zu erzielen, bleibt deshalb abzuwarten.[117]

Im Grunde sind mehr Transparenz und Bürgernähe als zentrale Zielsetzungen des Verfassungsvertrags mit dem technischen Charakter einer Reform mittels Geschäftsordnungspraxis, interinstitutioneller Vereinbarung oder verstärkter Zusammenarbeit nur schwerlich zu erreichen. Derartige institutionelle Verfassungsreformen bleiben somit letztlich einer Vertragsänderung vorbehalten – sei es durch das In-Kraft-Treten des Verfassungsvertrags oder eine kleine Vertragsrevision in den kommenden Jahren.[118] Insoweit könnte die weiche Konstitutionalisierung bei der Reform der Komitologie kein Ersatz hierfür sein, sondern allenfalls der Einstieg als ein pragmatischer Zwischenschritt.

---

[116] Vgl. hierzu auch Ausführungen im Abschnitt 4.2.3, S. 20, sowie Pressemitteilung vom 14. Oktober 2005, http://www.euractiv.com/Article?tcmuri=tcm:31-145853-16&type =News (15. Oktober 2005).

[117] Arbeitsprogramm der österreichischen und der finnischen Delegation vom 22. Dezember 2006, http:// www.eu2006.at/includes/Download_Dokumente/operationalprogrammeDE.pdf (9. Januar 2006).

[118] Vgl. *Thym, D.*, Weiche Konstitutionalisierung, 2005, S. 315.

7   Zusammenfassung und Ausblick

Folgt man Parkinsons Gesetz zum Leben des Ausschusswesens, so ist die Komitologie kein zartes Pflänzchen mehr, sondern vielmehr ein Baum. Dessen Wurzeln sind tief im Boden verwachsen. Äußeren Einflüssen hat er getrotzt. Bislang.

Seit den Anfängen der europäischen Integration haben sich institutionelle Zuständigkeiten verschoben oder wurden neu definiert. Von der Dynamik des Prozesses blieb die Komitologie weitgehend unberührt. Ziel der Masterarbeit war es deshalb, eine Antwort auf die Frage zu finden, ob dieses Ausschusssystem auch nach über 40 Jahren (noch) ein notwendiger Baustein im institutionellen Gefüge der Europäischen Union ist.

Legitimiert durch Art. 202 dritter Spiegelstrich EGV, der durch den Beschluss des Rates 1999/468/EG konkretisiert wurde, sieht auch der EuGH in der Einrichtung der Ausschüsse keine Verfälschung der Gemeinschaftsstruktur und des institutionellen Gleichgewichtes. Dennoch haben die Untersuchungen gezeigt, dass die Komitologie das Kräfteverhältnis von Rat, Kommission und Parlament beeinflussen kann. Als Ursache hierfür wird die im EGV angelegte Verteilung exekutiver Kompetenzen auf Kommission und Rat sowie der Behandlung auch legislativer Maßnahmen im Rahmen der Komitologie gesehen. Interinstitutionelle Konflikte waren und sind deshalb vorprogrammiert.

Gleichwohl ist festzustellen, dass keines der drei Organe auf das Ausschusssystem verzichten möchte, denn sie können hierüber ihre eigene Stellung im institutionellen Gefüge der EU erhalten oder stärken. So möchte sich der Rat über die Ausschüsse Kontroll- und Mitspracherechte sichern und seine exekutive Funktion nicht ganz aus der Hand geben. Die Kommission ist demgegenüber um eine möglichst autonome Ausübung ihrer Durchführungsbefugnisse bemüht, benötigt hierfür jedoch auch das Know-how der nationalen Experten. Das Parlament, das zwar infolge integrationsbedingter Vertragsrevisionen zum Mitgesetzgeber aufgewertet wurde, bleibt auch heute noch in der Komitologie weitgehend außen vor und kann die Kommission nicht wirksam kontrollieren. Es ist deshalb um eine Ausweitung seiner Befugnisse im Sinne einer Gleichstellung mit dem Rat bemüht.

Das Tagen der Ausschüsse hinter verschlossenen Türen und eine unwirksame parlamentarische Kontrolle können jedoch zu einem Demokratiedefizit und zur Intransparenz der Entscheidungen führen. Mit diesen Problemen sah sich auch die Masterarbeit konfrontiert. Das über das Internet zugängliche Register der Komitologie gibt zwar mittlerweile einen recht guten Überblick über die Tätigkeit der Ausschüsse. Die Entscheidungsprozesse oder das Abstimmungsverhalten der Mitgliedstaaten lassen sich den verfügbaren Kurzfassungen der Sitzungsprotokolle allerdings nicht entnehmen. Nachfragen bei der Kommission bzgl. weitergehender Informationen blieben zudem entweder unbeantwortet oder die zugesagte Übersendung von Material blieb, auch nach nochmaliger Erinnerung, aus.

Das verwundert, denn die Untersuchungen haben auch gezeigt, dass die Komitologie letztlich nichts zu verbergen hat. Die Befragung von Ausschussmitgliedern und die Auswertung empirischer Daten lassen vielmehr den Schluss zu, dass fernab der institutionellen Konflikte eine praxisorientierte Problemlösung und ein konsensgeprägter Arbeitsstil für die Ausschüsse charakteristisch sind. Sie können hierbei auf hinreichend Personal, formelle und informelle Kontaktstrukturen, Verfahrensroutine sowie Sachverstand in den Vollzugsverwaltungen zurückgreifen.

An diesem Maßstab müssen sich bei einer kritischen Analyse der Komitologie denkbare institutionelle Alternativen zur Durchführung von Gemeinschaftsrecht messen lassen. Die Möglichkeit, weit reichende Durchführungsregelungen durch Rat und Parlament bereits im Basisrechtsakt zu treffen, dürfte ebenso wie die unmittelbare Ausübung der Durchführungsbefugnisse durch den Rat an den fehlenden personellen und fachlichen Ressourcen scheitern. Beide Institutionen wären mit der Behandlung äußerst technischer Detailfragen überfordert. Eine schnelle und effektive Implementierung von Gemeinschaftsrecht, wie es bisweilen auch durch außergewöhnliche Ereignisse (z. B. Vogelgrippe) bedingt wird, wäre somit nicht gewährleistet. Auch die Kommission wäre bei ihrer derzeitigen Personalausstattung mit einer autonomen Ausübung der Durchführungsbefugnisse überlastet.

Letztlich verbliebe die Möglichkeit, die Durchführung des Gemeinschaftsrechts statt auf europäischer Ebene künftig durch die Mitgliedstaaten im Sinne von Art. 10 EGV auszuüben. Die Betrachtung dieser vertikalen Dimension war jedoch nicht Gegenstand der Masterarbeit und könnte deshalb in weiteren wissenschaftlichen Untersuchungen aufgegriffen werden.

Im Ergebnis der Analysen lässt sich die Frage nach der Notwendigkeit der Komitologie im institutionellen Gefüge der Europäischen Union derzeit mit einem „Ja" beantworten.

Gleichwohl kann es sich hierbei nur um eine Momentaufnahme handeln. Eine Bestandsgarantie gibt es nicht. Die Untersuchungen haben insoweit auch gezeigt, dass die Zukunft des Ausschusssystems maßgeblich durch den weiteren Integrationsprozess bestimmt wird. So stellt die Erweiterung der Europäischen Union auf 27 und mehr Mitgliedstaaten die Komitologie vor Herausforderungen im Hinblick auf die Ablauforganisation in den Ausschüssen. Weitere Vertiefungsschritte werden demgegenüber zu einer verstärkten gemeinschaftlichen Rechtsetzung führen und sich in der Folge auf die Anzahl der Ausschüsse und den Umfang der wahrzunehmenden Tätigkeiten auswirken.

Ob und in welcher Form das Ausschusssystem auch im weiteren europäischen Integrationsprozess bestehen bleibt, dürfte maßgeblich davon abhängen, wie die Europäische Union ihre institutionellen Strukturen ausrichten und anpassen wird. Hierzu bedarf es einer Vertragsrevision.

Erfolgt auf Vertragsebene keine Neuausrichtung oder Anpassung des Institutionengefüges, so könnte die Komitologie an Bedeutung gewinnen – allerdings um den Preis eines steigenden Demokratiedefizits und wachsender Intransparenz. Überträgt man die Untersuchungsergebnisse zur gegenwärtigen Komitologiepraxis auf die Zukunft, so lässt die Zunahme integrierter Politikbereiche und ein verstärktes gemeinschaftsweites Handeln ein Anwachsen des Ausschusssystems erwarten. Die Kommission würde bei der Durchführung von Gemeinschaftsrecht vor allem von Verwaltungs- und Regelungsausschüssen unterstützt und kontrolliert werden, über die sich der Rat sein Rekursrecht vorbehält. Eine wirksame parlamentarische Kontrolle der Komitologie wäre allerdings eher fraglich. In der Folge dürften sich die institutionellen Spannungen zwischen Kommission, Rat und Parlament weiter verschärfen. Nicht zuletzt bestünde die Gefahr, dass die erweiterungsbedingt steigende Zahl von Ausschussmitgliedern und die Wahrnehmung von Aufgaben, die über die bloße Stellungnahme zu konkreten Maßnahmeentwürfen hinausgehen, zu Verzögerungen von Beratungsverläufen und damit zur Schwerfälligkeit der Komitologie führen. Wie schwierig es jedoch ist, diesen Problemen entgegenzuwirken, zeigt die vorgesehene Änderung des Komitologiebeschlusses 1999/468/EG.

Werden demgegenüber auf Vertragsebene Anpassungen des institutionellen Gefüges vorgenommen, so könnte die Komitologie künftig an Bedeutung verlieren oder sogar gänzlich verschwinden – allerdings mit der Gefahr praxisferner und inkonsistenter Durchführungsbestimmungen. Eine klare horizontale Gewaltenteilung dürfte zwar institutionellen Konflikten bei der Durchführung von Gemeinschaftsrecht den Nährboden entziehen, die Komitologie wäre damit nicht länger im Mittelpunkt machtpolitischer Auseinandersetzungen. Gleichwohl birgt die alleinige Ausübung exekutiver Befugnisse durch die Kommission die Gefahr in sich, dass die Nichtberücksichtigung spezifischer Anforderungen der einzelnen Mitgliedstaaten zu starken regionalen Unterschieden in der Wirkung der Rechtsakte führen kann. Zudem müsste sich die Personalausstattung der europäischen Administration erhöhen. Vor diesem Hintergrund sind intelligente Lösungen gefragt. Der Vertrag über eine Verfassung für Europa, der die Zuständigkeiten der Institutionen neu definiert, eine Normenhierarchie einführt und Verantwortlichkeiten für die Durchführung von Gemeinschaftsrecht auf die Schultern der europäischen und mitgliedstaatlichen Ebene verteilt, wäre ein Schritt in diese Richtung.

Welchen Weg die Europäische Union, ihr institutionelles Gefüge und die Komitologie künftig gehen werden, wird letztlich der Unionsbürger bestimmen. Er wird sie hierbei allein an der Bürgernähe und Transparenz ihrer Entscheidungen messen. Es bleibt deshalb zu hoffen, dass die „Zeit der Reflexion" intensiv genutzt wird, um in den Dialog einzutreten und das Vertrauen des Bürgers zurück zu gewinnen.

Anhang

I Übersicht über die institutionellen Vereinbarungen zur Komitologie

Jahr	Vereinbarung	Institutionen	Anwendungsbereich
Erster Komitologiebeschluss 1987			
1988	*Plumb-Delors*	*Parlament-Kommission*	*Allgemein*
1993	Klepsch-Millan	Parlament-Kommission	Speziell Strukturpolitik
1994	*Modus Vivendi*	*Parlament-Kommission-Rat*	*Allgemein*
1996	*Samland-Williamson*	*Parlament-Kommission*	*Allgemein*
1999	Gil Robes-Santer	Parlament-Kommission	Speziell Strukturpolitik
Zweiter Komitologiebeschluss 1999			
2000	Vereinbarung über die Modalitäten der Anwendung des Beschlusses 1999/468/EG	Parlament-Kommission	Allgemein
2001	Lamfalussy	Parlament-Kommission	Speziell Finanzmarktbereich

kursiv = Vereinbarung ist außer Kraft, vgl. Ziffer 3 der Lamfalussy-Vereinbarung, ABl. L 256 vom 10. Oktober 2000, S. 19

Quelle: In Anlehnung an *Kietz, D./Maurer, A.*, Agreements, 2005, S. 13.

II Teilnehmerliste der Sitzung des Verwaltungsausschusses für Geflügelfleisch und Eier am 20. September 2005

Member state	Ministry or Agency	Number of people
BE	Ministerie v d Vlaamse Gemeenschap-departement Landbouw MRW-DGA (Région Wallonne)	1 1
CZ	SZIF	1
DK	DFFE	2
DE	BMVEL BLE BR-SN (Ländervertreter)	2 1 1
EE	Ministry of Agriculture of Estonia	1
EL	Ministry of Agriculture	1
ES	Ministerio de Agricultura Pesca y Alimentacion	2
FR	Ministère de l'Agriculture OFIVAL	1 1
IE	Dept Agriculture and Food	2
IT	Ministero delle Politiche Agricole e Forestali (MIPAF)	2
CY	Ministry of Agriculture	1
LV	Ministry of Agriculture of Latvia	1
LT	Ministry of Agriculture of Lithuania (MOA)	1
LU	Ministère de l'Agriculture	Represented by BE
HU	Ministry of Agriculture and Rural Development	1
MT	Ministry of Rural Development and Environment (MRAE)	1
NL	Ministerie van Landbouw Productschap Vee, Vlees en Eieren (PVE)	1 1
AT	Ministère de l'Agriculture (BMLFUW)	2
PL	ARR (AMA) MARD	1 1
PT	Ministère de l'Agriculture – (MADRP/GPPAA)	1
SI	Ministry of Agriculture of Slovenia (MAFF)	2
SK	Ministry of Agriculture of Slovakia	2
FI	Ministry of Agriculture	1

SV	BOARD	1
	Ministry of Agriculture	1
UK	DEFRA	1
	Observers	
Acceding state	Ministry or Agency	Number of people
RO		-
BG	Ministry of Agriculture and Forestry	1
		39 Vertreter **1 Beobachter**

Commission:

AGRI-C.4	AGRI-C.4	AGRI-C.4	AGRI-C.4	AGRI-D.2
LOURDAIS L	**MARRONE S**	**NAGEL R**	**VERSTEIJLEN H**	**SCHOOFS W**

Quelle: Kurzprotokoll der Ausschusssitzung, Register der Komitologie,
http://europa.eu.int/comm/secretariat_general/regcomito/
registre.cfm?CL=de (7. Januar 2006)

III Beratungsgegenstände der Sitzungen des Verwaltungsausschusses für Geflügelfleisch und Eier im Jahr 2005

Sitzung	Beratungsgegenstand		
	Information durch KOM/MS	Meinungsaustausch/ KOM-Entwurf	Abstimmung KOM-Entwurf
12.01.2005		5	1 x Q
27.01.2005			1 x E
16.02.2005	1	3	6 x E, 1 x K
13.04.2005	1	5	1 x Q
18.05.2005		3	4 x Q
15.06.2005	1	6	1 x Q
13.07.2005		3	4 (Votum nicht bekannt)
20.09.2005	2	4	2 x Q, 4 x E
19.10.2005		3	2 x Q, 2 x E, 1 x K
16.11.2005		6	2 x Q, 1 x E
24.11.2005			1 x Q
07.12.2005	1	5	2 x Q, 1 x E

Q = Qualifizierte Mehrheit
E = Einstimmigkeit
K = Keine Stellungnahme

Quelle: Kurzprotokolle der Ausschusssitzungen, Register der Komitologie,
http://europa.eu.int/comm/secretariat_general/regcomito/
registre.cfm?CL=de (7. Januar 2006)

IV Das neue Regelungsverfahren nach Art. 5a (Entwurf) des Komitologiebeschlusses

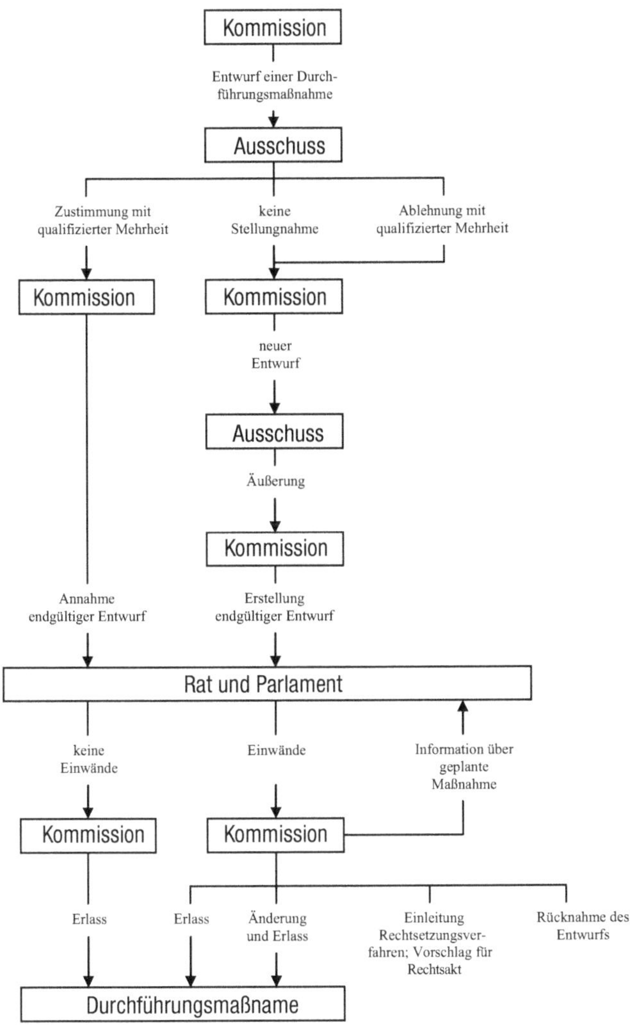

Quelle: eigene Darstellung

V Komitologie nach dem Verfassungsvertrag

Artikel I-36
Delegierte Europäische Verordnungen

(1) In Europäischen Gesetzen und Rahmengesetzen kann der Kommission die Befugnis übertragen werden, delegierte Europäische Verordnungen zur Ergänzung oder Änderung bestimmter nicht wesentlicher Vorschriften des betreffenden Gesetzes oder Rahmengesetzes zu erlassen.

In den betreffenden Europäischen Gesetzen oder Rahmengesetzen werden Ziele, Inhalt, Geltungsbereich und Dauer der Befugnisübertragung ausdrücklich festgelegt. Die wesentlichen Aspekte eines Bereichs sind dem Europäischen Gesetz oder Rahmengesetz vorbehalten und eine Befugnisübertragung ist für sie deshalb ausgeschlossen.

(2) Die Bedingungen, unter denen die Übertragung erfolgt, werden in Europäischen Gesetzen oder Rahmengesetzen ausdrücklich festgelegt, wobei folgende Möglichkeiten bestehen:

a) Das Europäische Parlament oder der Rat kann beschließen, die Übertragung zu widerrufen.

b) Die delegierte Europäische Verordnung kann nur in Kraft treten, wenn das Europäische Parlament oder der Rat innerhalb der im Europäischen Gesetz oder Rahmengesetz festgelegten Frist keine Einwände erhebt.

Für die Zwecke der Buchstaben a und b beschließt das Europäische Parlament mit der Mehrheit seiner Mitglieder und der Rat mit qualifizierter Mehrheit.

Artikel I-37
Durchführungsrechtsakte

(1) Die Mitgliedstaaten ergreifen alle zur Durchführung der verbindlichen Rechtsakte der Union erforderlichen Maßnahmen nach innerstaatlichem Recht.

(2) Bedarf es einheitlicher Bedingungen für die Durchführung der verbindlichen Rechtsakte der Union, so werden mit diesen Rechtsakten die Kommission oder, in entsprechend begründeten Sonderfällen und in den Fällen nach Artikel I-40, dem Rat Durchführungsbefugnisse übertragen.

(3) Für die Zwecke des Absatzes 2 werden durch Europäisches Gesetz im Voraus allgemeine Regeln und Grundsätze festgelegt, nach denen die Mitgliedstaaten die Wahrnehmung der Durchführungsbefugnisse durch die Kommission kontrollieren.

(4) Die Durchführungsrechtsakte der Union ergehen in Form von Europäischen Durchführungsverordnungen oder Europäischen Durchführungsbeschlüssen.

IV Interviewleitfaden

Interviewpartner

Keller, Matthias: Referent im Sächsischen Staatsministerium für Umwelt und Landwirtschaft, vom Bundesrat bestellter Ländervertreter im Verwaltungsausschuss für Direktzahlungen

Reichel, Angelika: Referentin im Sächsischen Staatsministerium für Umwelt und Landwirtschaft, vom Bundesrat bestellte Ländervertreterin im Ständigen Ausschuss für Pflanzenschutz

Springer, Annemarie: Referentin im Sächsischen Staatsministerium für Umwelt und Landwirtschaft, vom Bundesrat bestellte Ländervertreterin im Verwaltungsausschuss für Geflügelfleisch und Eier, Verwaltungsausschuss für Schaf- und Ziegenfleisch, Verwaltungsausschuss für Rindfleisch

Interviewfragen

Allgemeines:
Seit wann sind Sie als Ländervertreter/In im Ausschuss bestellt?
Welchem Verfahren folgt der Ausschuss? Einem oder mehreren?
Wie oft finden Sitzungen statt? Wo?
Über wie viele Tage erstreckt sich eine Sitzung?
Wie viele Vertreter sind pro Mitgliedstaat durchschnittlich anwesend?
Hat der Ausschuss eine Geschäftsordnung?
Erläutern Sie bitte kurz, mit welcher Regelungsmaterie sich der Ausschuss beschäftigt.

Verfahren/Arbeitstechniken/Verhandlungsstil:
Wie lange dauert max. ein Verfahren von der Vorstellung des KOM-Entwurfs bis zum In-Kraft-Treten der Maßnahme?
Wie verhält sich die KOM im Verfahren (kompromisslos, kompromissbereit etc.)?
Wie ist das Verhalten der Ausschussmitglieder? Bilden sich „Allianzen"? Wenn ja, nach welchen Kriterien (Partei, Nationalität etc.)?
Wie ist das Verhalten der Vertreter der neuen Mitgliedstaaten (zurückhaltend, konstruktiv etc.)?
Haben sich durch die erweiterungsbedingte Zunahme der Ausschussmitglieder Verzögerungen in den Beratungsverläufen ergeben?
Wie ist das Abstimmungsverhalten? Hat es in den letzten Jahren Ratsbefassungen gegeben?
Hat sich die erweiterungsbedingte Zunahme der Ausschussmitglieder auf das Abstimmungsverhalten ausgewirkt?

Weitergehende/Abschließende Fragen:
Wie beurteilen Sie das Ausschussverfahren insgesamt?
Was ist Ihrer Meinung nach in den Abläufen verbesserungswürdig?
Gibt es in Ihrem Bereich derzeit einen aktuellen Fall, der für eine Analyse im Rahmen der Masterarbeit in Betracht käme?

Abbildungs- und Tabellenverzeichnis

Abkürzungsverzeichnis

ABl. C .... Amtsblatt der Europäischen Gemeinschaften. Mitteilungen und Bekanntmachungen
ABl. L .... Amtsblatt der Europäischen Gemeinschaften. Rechtsvorschriften
AGRI .... Landwirtschaft
BAnz. .... Bundesanzeiger
BSE .... Spongiforme Rinderenzephalopathie
bzgl. .... bezüglich
EEA .... Einheitliche Europäische Akte
EG .... Europäische Gemeinschaft
EGV .... Vertrag zur Gründung der Europäischen Gemeinschaft
ENTR .... Unternehmen
ENV .... Umwelt
EU .... Europäische Union
EuGH .... Gerichtshof der Europäischen Gemeinschaften
EWG .... Europäische Wirtschaftsgemeinschaft
EWGV .... Vertrag zur Gründung einer Europäischen Wirtschaftsgemeinschaft
ex-Art. .... bisheriger Artikel
Fn. .... Fußnote
GG .... Grundgesetz
ggü. .... gegenüber
JAI .... Justiz und Inneres
KOM .... Kommission der Europäischen Gemeinschaften
MARKT .... Binnenmarkt
MEP .... Mitglied des Europäischen Parlaments
MS .... Mitgliedstaat
Rdnr. .... Randnummer
RELEX .... Außenbeziehungen
Rs. .... Rechtssache
SANCO .... Gesundheit und Verbraucherschutz
Slg. .... Sammlung der Rechtsprechung
TREN .... Transeuropäische Netze
VVE .... Vertrag über eine Verfassung für Europa

Literatur- und Quellenverzeichnis

Andenas, Mads; Türk, Alexander (Hrsg.) [Delegated Legislation, 2000]: Delegated Legislation and the Role of Committees in the EC, London: Kluwer Law International, 2000

Auswärtiges Amt: Chat mit Prof. Dr. Peter Glotz, Beauftragter des Bundeskanzlers im Konvent zur Zukunft der Europäischen Union am 25. April 2002, http://www.auswaertiges-amt.de/www/de/eu_politik/vertiefung/chat_index_html_25.04.02 (letzter Zugriff: 2. Dezember 2005)

Bach, Maurizio [Revolution, 1992]: Eine leise Revolution durch Verwaltungsverfahren, in: Zeitschrift für Soziologie (1992), S. 16–30

Berliner Morgenpost: Stallpflicht für Geflügel ausgeweitet, Pressemitteilungen vom 19. Oktober 2005, http://morgenpost.berlin1.de/content/2005/10/19/politik/786688.html (letzter Zugriff: 25. Oktober 2005)

Bleckmann, Albert: Europarecht, 6. Auflage, Köln: Carl Heymanns Verlag, 1997

Bruha, Thomas/Münch, Wolfgang [Durchführungsbefugnisse, 1987]: Stärkung der Durchführungsbefugnisse der Kommission, in: Neue Juristische Wochenschrift (1987), S. 542–545

Classen, Claus Dieter: Europa-Recht, 18. Auflage, München: C. H. Beck, 2003

Demmke, Christoph; Haibach, Georg [Komitologieausschüsse, 1997]: Die Rolle der Komitologieausschüsse bei der Durchführung des Gemeinschaftsrechts und in der Rechtsprechung des EuGH, in: Die Öffentliche Verwaltung (1997), S. 710–718

Demmke, Christoph [Environmental Sector, 2000]: Comitology in the Environmental Sector, in: Andenas, Mads/Türk, Alexander (Hrsg.) [Delegated Legislation, 2000]: Delegated Legislation and the Role of Committees in the EC, London: Kluwer Law International, 2000

EurActiv: EU-Parlament fordert mehr Befugnisse, Pressemitteilung vom 14. Oktober 2005, http://www.euractiv.com/Article?tcmuri=tcm:31-145853-16&type=News (letzter Zugriff: 15. Oktober 2005)

Europäisches Parlament, Entschließung über die Gemeinschaftsverfahren zur Durchführung des abgeleiteten Gemeinschaftsrechts, ABl. C 108 vom 19. Oktober 1968, S. 37

Europäisches Parlament, Entschließung zu den Durchführungsbefugnissen der Kommission (Komitologie) und der Rolle der Kommission im Rahmen der Außenbeziehungen der Gemeinschaft, ABl. C 19 vom 28. Januar 1991, S. 273

Europäisches Parlament, Entschließung zu den mit In Kraft Treten des Vertrages über die Europäische Union zu erwartenden Problemen mit dem Ausschusswesen, ABl. C 20 vom 24. Januar 1994, S. 176

Europäisches Parlament: Endgültige Feststellung des Gesamthaushaltsplans der Europäischen Union für das Haushaltsjahr 1995, ABl. L 369 vom 31. Dezember 1994, S. 1–1913 (504–517)

Europäisches Parlament: Endgültige Feststellung des Gesamthaushaltsplans der Europäischen Union für das Haushaltsjahr 1996, ABl. L 22 vom 29. Januar 1996, S. 1–1983 (522–535)

Europäisches Parlament: Endgültige Feststellung des Gesamthaushaltsplans der Europäischen Union für das Haushaltsjahr 1997, ABl. L 44 vom 14. Februar 1997, S. 1–1573 (486–501)

Europäisches Parlament: Endgültige Feststellung des Gesamthaushaltsplans der Europäischen Union für das Haushaltsjahr 1998, ABl. L 44 vom 16. Februar 1998, S. 1–1597 (500–517)

Europäisches Parlament [Aglietta-Bericht 1998]: Bericht des Institutionellen Ausschusses vom 3. August 1998 über die Änderung der Modalitäten für die Ausübung der der Kommission übertragenen Durchführungsbefugnisse – „Komitologie", Berichterstatterin Maria Adelaide Aglietta, http://www.europarl.eu.int/omk/sipade3?PUBREF=//EP//NONSGML+REPORT+A4-1998-292+0+DOC+PDF+V0//DE&L=DE&LEVEL=1&NAV=S&LSTDOC=Y (letzter Zugriff: 15. Oktober 2005)

Europäisches Parlament: Endgültige Feststellung des Gesamthaushaltsplans der Europäischen Union für das Haushaltsjahr 1999, ABl. L 39 vom 12. Februar 1999, S. 1–1567 (492–509)

Europäisches Parlament [Aglietta-Bericht 1999]: Bericht des Institutionellen Ausschusses vom 30. März 1999 über den Vorschlag für einen Beschluss des Rates zur Festlegung der Modalitäten für die Ausübung der der Kommission übertragenen Durchführungsbefugnisse, Berichterstatterin Maria Adelaide Aglietta, http://www.europarl.eu.int/omk/sipade3?PUBREF=-//EP// NONSGML+REPORT+A4-1999-0169+0+DOC+PDF+V0//DE&L=DE&LE VEL=1&NAV=S&LSTDOC=Y (letzter Zugriff: 15. Oktober 2005)

Europäisches Parlament [Corbett-Bericht 2003]: Bericht des Institutionellen Ausschusses vom 11. Juli 2003 über den Vorschlag für einen Beschluss des Rates zur Änderung des Beschlusses 1999/468/EG zur Festlegung der Modalitäten für die Ausübung der der Kommission übertragenen Durchführungsbefugnisse, Berichterstatter Richard Corbett, http://www.europarl. eu.int/omk/sipade3?PUBREF=//EP//NONSGML+REPORT+A5-2003- 0266+0+DOC+PDF+V0//DE&L=DE&LEVEL=1&NAV=S&LSTDOC=Y (letzter Zugriff: 15. Oktober 2005)

Europäisches Parlament: Geschäftsordnung des Europäischen Parlaments, Stand: 2005, http://www.europarl.eu.int/omk/sipade3?PROG=RULES- EP&L=DE&REF=TOC (letzter Zugriff: 23. November 2005)

Europäisches Parlament: EU Constitution: seeking a way forward, Pressemitteilung vom 13. Oktober 2005, http://www.europarl.eu.int/news/expert/info press_page/001-1281-286-10-41-901-20051010IPR01195-13-10-2005-2005-- false/default_de.htm (letzter Zugriff: 17. Dezember 2005)

Europäisches Parlament/Kommission der Europäischen Gemeinschaften: Vereinbarung zwischen dem Europäischen Parlament und der Kommission über die Modalitäten der Anwendung des Beschlusses 1999/468/EG des Rates vom 28. Juni 1999 zur Festlegung der Modalitäten für die Ausübung der der Kommission übertragenen Durchführungsbefugnisse, ABl. L 256 vom 10. Oktober 2000, S. 19–20

Europäischer Rat: Schlussfolgerungen des Vorsitzes, Europäischer Rat vom 14. und 15. Dezember 2001, http://www.auswaertiges-amt.de/www/de/infoservice/ download/pdf/ eu/schlussf_laeken.pdf (letzter Zugriff: 10. Dezember 2005)

Europäischer Rat: Konferenz der Vertreter der Regierungen der Mitgliedstaaten, Erklärungen zur Schlussakte der Regierungskonferenz vom 13. Oktober 2004, http:// ue.eu.int/igcpdf/de/04/cg00/cg00087-ad02re01.de04.pdf (letzter Zugriff: 2. Dezember 2005)

Europäischer Rat: Erklärung der Staats- und Regierungschefs der Mitgliedstaaten der Europäischen Union zur Ratifizierung des Vertrags über eine Verfassung für Europa, Europäischer Rat vom 16. und 17. Juni 2005, http://europa.eu.int/rapid/pressReleasesAction.do?reference=DOC/05/3&format=HTML&aged=0&language=de&guiLanguage=en (letzter Zugriff: 15. Dezember 2005)

Europäische Union: Vertrag über eine Verfassung für Europa, Luxemburg: Amt für amtliche Veröffentlichungen der Europäischen Gemeinschaften, 2005

Fischer, Klemens H. [Verfassungsvertrag, 2005]: Der Europäische Verfassungsvertrag – Texte und Kommentar, 1. Auflage, Baden-Baden: Nomos Verlagsgesellschaft, 2005

Gerichtshof der Europäischen Gemeinschaften: Urteil vom 17. Dezember 1970, Einfuhr- und Vorratsstelle für Getreide und Futtermittel gegen Köster, Berodt und Co. (Ersuchen um Vorabentscheidung, vorgelegt vom Hessischen Verwaltungsgerichtshof), Rechtssache 25/70, Slg. 1970, S. 1161

Gerichtshof der Europäischen Gemeinschaften: Urteil vom 30. Oktober 1975, Rey Soda gegen Cassa Conguaglio Zucchero (Ersuchen um Vorabentscheidung, vorgelegt vom Pretore Abbiategrasso), Rechtssache 23/75, Slg. 1975, S. 1279

Gerichtshof der Europäischen Gemeinschaften: Urteil vom 6. Juli 1982, Französische Republik, Italienische Republik und Vereinigtes Königreich Großbritannien und Nordirland gegen Kommission der Europäischen Gemeinschaften, Öffentliche Unternehmen – Transparenz der finanziellen Beziehungen zum Staat, verbundene Rechtssachen 188 bis 190/80, Slg. 1982, S. 2545

Gerichtshof der Europäischen Gemeinschaften: Urteil vom 27. September 1988, Europäisches Parlament gegen Rat der Europäischen Gemeinschaften, Befugnis des Europäischen Parlaments zur Erhebung einer Nichtigkeitsklage, Rechtssache 302/87, Slg. 1988, S. 5615

Gerichtshof der Europäischen Gemeinschaften: Urteil vom 24. Oktober 1989, Kommission der Europäischen Gemeinschaften gegen Rat der Europäischen Gemeinschaften, Ermächtigung der Kommission nach Artikel 145 und Ausführung des Haushaltsplans nach Artikel 205, Rechtssache 16/88, Slg. 1989, S. 3457

Gerken, Lüder; Schick, Gerhard [Reformbedarf, 2003]: Reformbedarf in der Komitologie – Für mehr Transparenz in der europäischen Politik, in: Stiftung Marktwirtschaft, Argumente zu Marktwirtschaft und Politik (76/2003), S. 1–12

Grams, Hartmut A. [Gesetzgebungsprozess, 1995]: Komitologie im Gesetzgebungsprozess der Europäischen Union und die Einbeziehung des Europäischen Parlaments, in: Kritische Vierteljahresschrift (78. Jahrgang 1995), S. 112–131

Groeben, Hans von der (Hrsg.): Kommentar zum EWG-Vertrag, 4. Auflage, Baden-Baden: Nomos Verlagsgesellschaft, 1991

Haibach, Georg [Komitologie, 1999]: Komitologie nach Amsterdam – Die Übertragung von Rechtsetzungsbefugnissen im Rechtsvergleich, in: Verwaltungsarchiv (1999), S. 98–111

Hofmann, Herwig C. H.; Töller, Annette Elisabeth [Reform, 1998]: Zur Reform der Komitologie – Regeln und Grundsätze für die Verwaltungskooperation im Ausschusssystem der Europäischen Gemeinschaft, in: Staatswissenschaften und Staatspraxis (1998), S. 209–239

Holtmann, Jörg: Europarecht, 3. Auflage, Münster: Alpmann und Schmidt, 2003

Jachtenfuchs, Markus; Kohler-Koch, Beate (Hrsg.) [Integration, 2003]: Europäische Integration, 2. Auflage, Opladen: Leske und Budrich, 2003

Jaeger, Detleff; Brückner, Ulrich [Integration, 2003]: Integration als Prozess: Ökonomie als Motor der Integration, Studienbrief 2-010-0103 des postgradualen und weiterbildenden Fernstudiengangs Europäisches Verwaltungsmanagement, 3. Auflage, Berlin: Fernstudienagentur des FVL, 2003

Joerges, Christian; Falke, Josef (Hrsg.) [Ausschusswesen, 2000]: Das Ausschusswesen der Europäischen Union, 1. Auflage, Baden-Baden: Nomos Verlagsgesellschaft, 2000

Khan, Daniel-Erasmus: EU-Vertrag, 5. Auflage, München: C. H. Beck, 2001

Kietz, Daniela; Maurer, Andreas [Agreements, 2005]: Interinstitutional Agreements in the legislative process – Formal Powers, Rule Interpretation and Informal Rules, in: EIF Working Paper Series (20/2005), Institut für Europäische Integrationsforschung, S. 1–26

Kommission der Europäischen Gemeinschaften [Jahresbericht 2000]: Bericht der Kommission über die Tätigkeit der Ausschüsse im Jahre 2000, http://europa.eu.int/eur-lex/lex/Lex UriServ/site/de/com/2001/com2001_0783de01.pfd (letzter Zugriff: 30. November 2005)

Kommission der Europäischen Gemeinschaften: Standardgeschäftsordnung – Beschluss 1999/468/EG des Rates, ABl. C 38 vom 6. Januar 2001, S. 3–5

Kommission der Europäischen Gemeinschaften [Jahresbericht 2001]: Bericht der Kommission über die Tätigkeit der Ausschüsse im Jahre 2001, http://europa.eu.int/eur-lex/lex/LexUriServ/site/de/com/2002/com2002_0733de01.pdf (letzter Zugriff: 30. November 2005)

Kommission der Europäischen Gemeinschaften: Europäisches Regieren – ein Weißbuch vom 25. Juli 2001, KOM (2001) 428 endgültig, http://europa.eu.int/eur-lex/lex/LexUriServ/site/de/com/2001/com2001_0428de01.pdf (letzter Zugriff: 5. Januar 2006)

Kommission der Europäischen Gemeinschaften [Jahresbericht 2002]: Bericht der Kommission über die Tätigkeit der Ausschüsse im Jahre 2002, http://europa.eu.int/eur-lex/lex/LexUriServ/site/de/com/2003/com2003_0530de01.pdf (letzter Zugriff: 30. November 2005)

Kommission der Europäischen Gemeinschaften: Vorschlag für einen Beschluss des Rates zur Änderung des Beschlusses 1999/468/EG zur Festlegung der Modalitäten für die Ausübung der der Kommission übertragenen Durchführungsbefugnisse vom 11. Dezember 2002, KOM (2002) 719 endgültig, http://europa.eu.int/eur-lex/lex/LexUri-Serv/site/de/com/2002/com2002_0719de01.pdf (letzter Zugriff: 5. Januar 2006)

Kommission der Europäischen Gemeinschaften [Jahresbericht 2003]: Bericht der Kommission über die Tätigkeit der Ausschüsse im Jahre 2003, ABl. C 65 E vom 17. März 2005, S. 1–50

Kommission der Europäischen Gemeinschaften [Jahresbericht 2004]: Bericht der Kommission über die Tätigkeit der Ausschüsse im Jahre 2004, http://europa.eu.int/eur-lex/lex/LexUriServ/site/de/com/2005/com2005_0554de01.pdf (letzter Zugriff: 30. November 2005)

Kommission der Europäischen Gemeinschaften: Geänderter Vorschlag für einen Beschluss des Rates zur Änderung des Beschlusses 1999/468/EG zur Festlegung der Modalitäten für die Ausübung der der Kommission übertragenen Durchführungsbefugnisse vom 22. April 2004, KOM (2004) 324 endgültig, http://europa.eu.int/eur-lex/lex/LexUriServ/site/de/com/2004/com2004_0324de01.pdf (letzter Zugriff: 5. Januar 2006)

Kommission der Europäischen Gemeinschaften: Mitteilung KOM (2005) 494 vom 13. Oktober 2005, Der Beitrag der Kommission in der Zeit der Reflexion und danach: Plan D für Demokratie, Dialog und Diskussion, http://europa.eu.int/comm/commission_barroso/wallstrom/pdf/communication_planD_de.pdf (letzter Zugriff: 15. Dezember 2005)

Kommission der Europäischen Gemeinschaften: Mitteilung KOM (2005) 535 vom 25. Oktober 2005, Umsetzung des Lissabon-Programms der Gemeinschaft: Eine Strategie zur Vereinfachung des ordnungspolitischen Umfelds, http://www.europa.eu.int/comm/enterprise/regulation/better_regulation/docs/simpli.de.pdf (letzter Zugriff: 28. Oktober 2005)

Kommission der Europäischen Gemeinschaften: Register der Komitologie, http://europa.eu.int/comm/secretariat_general/regcomito/registre.cfm?CL=de (letzter Zugriff: 31. Dezember 2005)

Kommission der Europäischen Gemeinschaften: Register der Expertengruppen, http://europa.eu.int/comm/secretariat_general/regexp/index.cfm?lang=EN (letzter Zugriff: 31. Dezember 2005)

Lintner, Pamela; Vaccari, Beatrice [Parliament's Right, 2005]: The European Parliament's Right of Scrutiny over Commission Implementing Acts: A Real Parliamentary Control?, in: Eipascope (2005/1), S. 15-25

Meng, Werner [Neuregelung, 1988]: Die Neuregelung der EG-Verwaltungsausschüsse. Streit um die „Comitologie", in: Zeitschrift für ausländisches öffentliches Recht (1988), S. 208–228

Neyer, Jürgen [Administrative Supranationalität, 1997]: Administrative Supranationalität in der Verwaltung des Binnenmarktes: Zur Legitimität der Komitologie, in: Integration (1997), S. 24–37

Parkinson, Cyril Northcote [Parkinsons Gesetz, 1965]: Parkinsons Gesetz und andere Untersuchungen über die Verwaltung, Auflage 96–105 Tausend, Düsseldorf: Econ-Verlag, 1965

Rat: Beschluss des Rates 87/373/EWG vom 13. Juli 1987 zur Festlegung der Modalitäten für die Ausübung der der Kommission übertragenen Durchführungsbefugnisse, ABl. L 197 vom 18. Juli 1987, S. 33–35

Rat: Beschluss des Rates 1999/468/EG vom 28. Juni 1999 zur Festlegung der Modalitäten für die Ausübung der der Kommission übertragenen Durchführungsbefugnisse, ABl. L 184 vom 17. Juli 1999, S. 23–26

Rat: Jahresprogramm des Rates für 2006, vorgelegt vom künftigen österreichischen und künftigen finnischen Vorsitz, vom 22. Dezember 2005, http://www.eu2006.at/includes/Download_Dokumente/operationalprogrammeDE.pdf (letzter Zugriff: 9. Januar 2006)

Thym, Daniel [Weiche Konstitutionalisierung, 2005]: Weiche Konstitutionalisierung – Optionen der Umsetzung einzelner Reformschritte des Verfassungsvertrags ohne Vertragsänderung, in: Integration (2005), S. 307–315

Schwarzer, Daniela; Lindstädt, René [Annäherung, 2003]: Annäherung an die EU, Studienbrief 2-010-0101 des postgradualen und weiterbildenden Fernstudiengangs Europäisches Verwaltungsmanagement, 3. Auflage, Berlin: Fernstudienagentur des FVL, 2003

Streinz, Rudolph: Europarecht, 5. Auflage, Heidelberg: C. F. Müller, 2001

Wessels, Wolfgang [Beamtengremien, 2003]: Beamtengremien im EU-Mehrebenensystem – Fusion von Administrationen?, in: Jachtenfuchs, Markus; Kohler-Koch, Beate (Hrsg.) [Integration, 2003]: Europäische Integration, 2. Auflage, Opladen: Leske und Budrich, 2003

Westdeutsche Zeitung: Hühner dürfen Freilandeier vorübergehend drinnen legen, Pressemitteilung vom 21. Oktober 2005, http://www.wz-newsline.de/sro.php?redid=96742 (letzter Zugriff: 25. Oktober 2005)